Santa Teresa de Jesús

Antología: Cartas varias

Barcelona 2024
Linkgua-ediciones.com

Créditos

Título original: Antología.

© 2024, Red ediciones S.L.

e-mail: info@linkgua.com

Diseño de cubierta: Michel Mallard.

ISBN rústica ilustrada: 978-84-96290-25-9.
ISBN tapa dura: 978-84-9897-462-1.
ISBN ebook: 978-84-9897-014-2.

Cualquier forma de reproducción, distribución, comunicación pública o transformación de esta obra solo puede ser realizada con la autorización de sus titulares, salvo excepción prevista por la ley. Diríjase a CEDRO (Centro Español de Derechos Reprográficos, www.cedro.org) si necesita fotocopiar, escanear o hacer copias digitales de algún fragmento de esta obra.

Sumario

Créditos   4

Brevísima presentación   11
  La vida   11
  Apuntes al margen   11

Cartas   13
  Carta I. Al prudentísimo señor, el rey Felipe II   13
  Carta II. Al ilustrísimo señor don Teutonio de Braganza, arzobispo que fue de Ébora. En Salamanca   14
  Carta III. Al mismo ilustrísimo prelado don Teutonio de Braganza, arzobispo de Ébora   16
  Carta IV. Al ilustrísimo señor don Álvaro de Mendoza, obispo de Ávila, en Olmedo   23
  Carta V. Al mismo ilustrísimo señor don Alvaro de Mendoza, obispo de Ávila. Es la que llaman del vejamen   25
  Carta VI. Al muy ilustre señor don Sancho Dávila, que después fue obispo de Jaén   27
  Carta VII. Al mismo ilustrísimo señor don Sancho Dávila   29
  Carta VIII. Al ilustrísimo señor don Alonso Velázquez, obispo de Osma   30
  Carta IX. A la Ilustrísima, y excelentísima señora doña María Henríquez, duquesa de Alba   36
  Carta X. A la ilustrísima señora doña Luisa de la Cerda, señora de Malagón   39
  Carta XI. Al ilustrísimo señor don Diego de Mendoza, del Consejo de Estado de su majestad   40
  Carta XII. A la ilustrísima señora doña Ana Henríquez. En Toro   42
  Carta XIII. Al reverendísimo padre, el maestro fray Juan Bautista Rubeo de Rávena, general que fue de la Orden de nuestra Señora del Carmen   44

Carta XIV. Al reverendo padre maestro fray Luis de Granada, de la
Orden de santo Domingo   50
Carta XV. Al reverendo maestro fray Pedro Ibáñez, de la Orden de
santo Domingo, confesor de la Santa   51
Carta XVI. Al reverendo padre maestro fray Domingo Ibáñez, de la
Orden de santo Domingo, confesor de la santa   52
Carta XVII. Al muy reverendo padre prior de la Cartuja de las Cuevas
de Sevilla   54
Carta XVIII. Al padre Rodrigo Álvarez, de la Compañía de Jesús,
confesor de la Santa   57
Carta XIX. Al mismo padre Rodrigo Álvarez, de la Compañía de Jesús 66
Carta XX. Al muy reverendo padre provincial de la Compañía de
Jesús de la provincia de Castilla   74
Carta XXI. Al padre Gonzalo de Ávila, de la Compañía de Jesús.
Confesor de la Santa   77
Carta XXII. Al padre fray Jerónimo Gracián de la Madre de Dios 79
Carta XXIII. Al mismo padre fray Jerónimo Gracián de la Madre de Dios 83
Carta XXIV. Al mismo padre fray Jerónimo Gracián de la Madre de Dios 86
Carta XXV. Al mismo padre fray Jerónimo Gracián de la Madre de Dios 87
Carta XXVI. Al mismo padre fray Jerónimo Gracián de la Madre de Dios 90
Carta XXVII. Al padre fray Juan de Jesús Roca, Carmelita descalzo.
En Pastrana   91
Carta XXVIII. Al padre fray Ambrosio Mariano de san Benito,
Carmelita descalzo   93
Carta XXIX. Al señor Lorenzo de Cepeda y Ahumada, hermano de la
Santa   99
Carta XXX. Al mismo señor Lorenzo de Cepeda, hermano de la santa 105
Carta XXXI. Al mismo señor Lorenzo de Cepeda, hermano de la Santa 110
Carta XXXII. Al mismo señor Lorenzo de Cepeda, hermano de la Santa 117
Carta XXXIII. Al mismo señor Lorenzo de Cepeda, hermano de la Santa 121
Carta XXXIV. Al mismo señor Lorenzo de Cepeda, hermano de la Santa 126
Carta XXXV. A don Diego de Guzmán y Cepeda, sobrino de la Santa 128
Carta XXXVI. Al licenciado Gaspar de Villanueva. En Malagón   129
Carta XXXVII. A Diego Ortiz, ciudadano de Toledo   130
Carta XXXVIII. A Alonso Ramírez, ciudadano de Toledo   132
Carta XXXIX. En que consuela la Santa a una persona afligida con la

muerte de su mujer	134
Carta XL. A doña Isabel Jimena. En Segovia	135
Carta XLI. A unas señoras pretendientes del hábito de la reforma del Carmen	136
Carta XLII. A la madre Catalina de Cristo, priora de las Carmelitas descalzas de la santísima Trinidad de Soria	137
Carta XLIII. A la madre priora, y religiosas Carmelitas descalzas de la santísima Trinidad de Soria	139
Carta XLIV. A la hermana Leonor de la Misericordia, Carmelita descalza en el convento de la santísima Trinidad de Soria	140
Carta XLV. A la hermana Teresa de Jesús, sobrina de la santa, Carmelita descalza en san José Ávila	142
Carta XLVI. A la madre María la Bautista, Carmelita descalza, priora de la Concepción de Valladolid	143
Carta XLVII. A la misma madre María Bautista, priora de Valladolid, y sobrina de la Santa	144
Carta XLVIII. A la madre priora, y religiosas de la Concepción de Valladolid	148
Carta XLIX. A la madre priora de las Carmelitas descalzas de Malagón	151
Carta L. A la madre priora, y religiosas del convento de san José del Salvador de Veas	153
Carta LI. A las religiosas Carmelitas descalzas del convento de san José de Sevilla	154
Carta LII. A las mismas religiosas Carmelitas descalzas del convento de san José de Sevilla	157
Carta LIII. A la madre María de san José, priora de las Carmelitas descalzas del convento de san José de Sevilla	159
Carta LIV. A la misma madre María de san José, priora de Sevilla	161
Carta LV. A la misma madre María de san José, priora de Sevilla	163
Carta LVI. A la misma madre María de san José, priora de Sevilla	165
Carta LVII. A la misma madre María de san José, priora de Sevilla	167
Carta LVIII. A la misma madre María de san José, priora de Sevilla	169
Carta LIX. A la misma madre María de san José, priora de Sevilla	170
Carta LX. A la misma madre María de san José, priora de Sevilla	175
Carta LXI. A la misma madre María de san José, priora de Sevilla	177
Carta LXII. A la misma madre María de san José, priora de Sevilla	179

Carta LXIII. A la misma madre María de san José, priora de Sevilla 183
Carta LXIV. A la misma madre María de san José, priora de Sevilla 188
Carta LXV. A la madre priora, y religiosas del convento de san José de Granada 190

Libros a la carta 199

Brevísima presentación

La vida

Santa Teresa de Jesús (Gotarrendura, Ávila, 1515-Alba de Tormes, Salamanca, 1582). España.

Teresa Sánchez de Cepeda y Ahumada nació en una familia de judíos conversos, y desde pequeña fue instruida en la vida de los santos. Estas lecturas y los libros de caballería la indujeron a fugarse del hogar paterno con su hermano. Pretendían recorrer el mundo convirtiendo paganos.

Teresa fue internada durante un tiempo en el convento de las agustinas de Santa María de Gracia, pero tuvo que regresar a su casa de Ávila por su precaria salud. A los diecinueve años huyó otra vez para ingresar en el convento de Encarnación, donde se convirtió a la Orden de las carmelitas descalzas. Desde entonces se dedicó a la reforma de la orden, apoyada por san Juan de la Cruz.

Apuntes al margen

En 1562 Teresa de Jesús fundó el convento de San José de Ávila, el primero de las carmelitas y, a instancias de Francisco de Soto y Salazar, su confesor, comenzó a escribir el Libro de mi vida, influido por sus lecturas de libros de caballería y comparado por algunos con las Confesiones de san Agustín. Aquí expone sus preocupaciones humanas y religiosas, sus trabajos y experiencias anteriores. La jerarquía eclesiástica denunció el libro a la Inquisición y pretendió deportar a su autora a Hispanoamérica, pero fray Luis de León, san Juan de la Cruz y el teólogo fray Domingo Báñez lograron que el castigo se redujera y fuese confinada en Toledo.

Esta actividad frenética contrasta con los textos de esta antología, mucho más domésticos y, en ocasiones, extremadamente personales.

Cartas

Carta I. Al prudentísimo señor, el rey Felipe II
Jesús
La gracia del Espíritu Santo sea siempre con vuestra majestad. Amén. A mi noticia ha venido un memorial, que a vuestra majestad han dado contra el padre maestro Gracián, que me espanto de los ardides del demonio, y de sus ministros; porque no se contenta con infamar a este siervo de Dios (que verdaderamente lo es, y nos tiene tan edificadas a todas, que siempre me escriben de los monasterios que visita, que los deja con nuevo espíritu) sino que procuran ahora deslustrar estos monasterios, a donde tanto se sirve nuestro Señor. Y para esto se han valido de dos Descalzos, que el uno, antes que fuese fraile, sirvió a estos monasterios, y ha hecho cosas, a donde bien da a entender, que muchas veces le falta el juicio; y deste Descalzo, y otros apasionados contra el padre maestro Gracián (porque ha de ser el que los castigue) se han querido valer sus émulos, haciéndoles firmar desatinos, que si no temiese el daño que podría hacer el demonio, me daría recreación lo que dice que hacen las Descalzas; porque para nuestro hábito sería cosa monstruosa. Por amor de Dios suplico a vuestra majestad, no consienta, que anden en tribunales testimonios tan infames; porque es de tal suerte el mundo, que puede quedar alguna sospecha en alguno (aunque más se pruebe lo contrario) si dimos alguna ocasión. Y no ayuda a la reformación poner mácula en lo que está por la bondad de Dios tan reformado, como vuestra majestad podrá ver, si es servido, por una probanza, que mandó hacer el padre Gracián destos monasterios, por ciertos respetos, de personas graves, y santas, que a estas monjas tratan. Y pues

de los que han escrito los memoriales, se puede hacer información de lo que les mueve, por amor de Dios nuestro Señor vuestra majestad lo mire, como cosa que toca a su gloria, y honra. Porque si los contrarios ven, que se hace caso de sus testimonios, por quitar la visita, levantarán a quien la hace, que es hereje; y donde no hay mucho temor de Dios, será fácil probarlo.

    Yo he lástima de lo que este siervo de Dios padece, y con la rectitud, y perfección que va en todo; y esto me obliga a suplicar a vuestra majestad le favorezca, o le mande quitar de la ocasión destos peligros, pues es hijo de criados de vuestra majestad, y él por sí no pierde; que verdaderamente me ha parecido un hombre enviado de Dios, y de su bendita Madre, cuya devoción, que tiene grande, le trujo a la Orden para ayuda mía; porque ha más de diecisiete años, que padecía a solas, y ya no sabía cómo lo sufrir, que no bastaban mis fuerzas flacas. Suplico a vuestra majestad, me perdone lo que me he alargado, que el gran amor que tengo a vuestra majestad, me ha hecho atreverme, considerando, que pues sufre el Señor mis indiscretas quejas, también las sufrirá vuestra majestad. Plegue a él oiga todas las oraciones de Descalzos, y Descalzas que se hacen, para que guarde a vuestra majestad muchos años, pues ningún otro amparo tenemos en la tierra. Fecha en Ávila, a 13 de septiembre de 1577 años.

    Indigna sierva, y súbdita de vuestra majestad.

    Teresa de Jesús.

    Carta II. Al ilustrísimo señor don Teutonio de Braganza, arzobispo que fue de Ébora. En Salamanca

Jesús

    La gracia del Espíritu Santo sea con V. S. y venga muy en hora buena con salud, que ha sido harto contento para mí, aunque para tan largo camino, corta se me hizo la carta; y aún no me dice V. S. si se hizo bien a lo que V. S. iba. De que estará descontento de sí, no es cosa nueva: ni V. S. se espante, de que con el trabajo del camino, y el no poder tener el tiempo tan ordenado, tenga alguna tibieza. Como V. S. torne a su sosiego, le tornará a tener el alma. Yo tengo ahora alguna salud, para como he estado; que a saberme quejar tan bien como V. S. no tuviera en nada sus penas. Fue extremo los dos meses de gran mal que tuve; y era de suerte, que redundaba en lo interior, para tenerme como una cosa sin ser. Desto interior ya estoy buena; de lo exterior, con los males ordinarios bien regalada de V. S. Nuestro Señor se lo pague, que ha habido para mí, y otras enfermas, que lo vinieron harto algunas de Pastrana, porque la casa era muy húmeda. Mejores están: son muy buenas almas, que gustaría V. S. de tratarlas, en especial la priora.

Ya yo sabía la muerte del rey de Francia. Harta pena me da ver tantos trabajos, y cómo va el demonio ganando almas. Dios lo remedie, que si aprovechasen nuestras oraciones, no hay descuido en suplicarlo a su majestad. A quien suplico, pague a V.S. el cuidado, que tiene en hacer merced, y favor a esta Orden. El padre provincial ha andado tan lejos (digo el visitador), que aun por cartas no he podido tratar este negocio. De lo que V. S. me dice de hacer ahí casa destos Descalzos, sería harto bien, si el demonio, por serlo tanto, no lo estorba: y es harta comodidad la merced que V. S. nos hace. Y ahora viene bien, que los visitadores se han tornado a confirmar, y no por tiempo limitado; y creo, que con más autoridad, para cosas, que antes, y pueden admitir monasterios; y ansí espero en el Señor lo ha de querer. V. S. no lo despida por amor de Dios. Presto creo estará cerca el padre visitador: yo le escribiré; y dícenme irá por allá. V. S. me hará merced de hablarle, y decir su parecer en todo. Puede hablarle V. S.

con toda llaneza, que es muy bueno, y merece se trate ansí con él: y por V. S. quizá se determinará a hacerlo. Hasta ver esto, suplico a V. S. no lo despida. La madre priora se encomienda en las oraciones de V. S. Todas han tenido cuenta, y la tienen de encomendarle a nuestro Señor, y ansí lo harán en Medina, y a donde me quisieren hacer placer. Pena me da la poca salud, que trae nuestro padre rector: nuestro Señor se la dé, y a V. S. tanta santidad, como yo le suplico. Amén. Mande V. S. decir al padre rector, que tenemos cuidado de pedir al Señor su salud, y que me va bien con el padre Santander, aunque no con los religiosos vecinos; porque compramos una casa harto a nuestro propósito, y es algo cerca dellos, y hannos puesto pleito: no sé en qué parará.

Indigna sierva, y súbdita de V. S.

Teresa de Jesús, Carmelita.

Carta III. Al mismo ilustrísimo prelado don Teutonio de Braganza, arzobispo de Ébora

Jesús

La gracia del Espíritu Santo sea con vuestra ilustrísima señoría. Amén. Una carta de V. S. ilustrísima recibí más ha de dos meses, y quisiera harto responder luego; y aguardando alguna bonanza de los grandes trabajos, que desde agosto hemos tenido Descalzos, y Descalzas, para dar a V. S. noticia dello, como me manda en su carta, me he detenido; y hasta ahora va cada día peor, como después diré a V. S. Ahora no quisiera sino verme con V. S. que por carta podré decir mal el contento, que me ha dado una, que he recibido esta semana de V. S. por la vía del padre rector, aunque con más claridad tenía yo nuevas de V. S. más ha de tres semanas; y después me las han dicho por otra parte: que no sé como piensa V. S. ha de ser secreta cosa semejante. Plegue a la divina majestad, que sea para tanta gloria, y honra suya, y ayuda a ir V. S. creciendo en mucha santidad, como yo pienso que será.

Crea V. S. que cosa tan encomendada a Dios, y de almas, que solo traen delante, que sea servido en todo lo que piden, que no las dejará de oír; y yo, aunque ruin, es muy contino el suplicárselo, y en todos estos monasterios destas siervas de V. S. a donde hallo cada día almas, que cierto me traen con harta confusión. No parece sino que anda nuestro Señor escogiéndolas, para traerlas a estas casas, de tierras, a donde no sé quien las da noticia.

Ansí que V. S. se anime mucho, y no le pase por pensamiento pensar, que no ha sido ordenado de Dios (que yo ansí lo tengo por cierto), sino que quiere su majestad, que lo que V. S. ha deseado servirle, lo ponga ahora por obra: que ha estado mucho tiempo ocioso, y nuestro Señor está muy necesitado de quien le favorezca la virtud: que poco podemos la gente baja, y pobre, si no despierta Dios quien nos ampare, aunque más queramos no querer cosa, sino su servicio; porque está la malicia tan subida, y la ambición, y honra, en muchos que la habían de traer debajo de los pies, tan canonizada, que aun el mismo Señor parece se quiere ayudar de sus criaturas, con ser poderoso, para que venza la virtud sin ellas; porque le faltan los que había tomado para ampararla, y ansí escoge las personas, que entiendo le pueden ayudar.

V. S. procure emplearse en esto, como yo entiendo lo hará, que Dios le dará fuerzas, y salud (y yo lo espero en su majestad) y gracia, para que acierte en todo. Por acá serviremos a V. S. en suplicárselo muy contino; y plegue al Señor le dé a V. S. personas inclinadas al bien de las almas, para que pueda V. S. descuidar. Harto me consuela, que tenga V. S. la Compañía tan por suya, que es de grandísimo bien para todo.

Del buen suceso de mi señora la marquesa de Elche me he alegrado mucho, que me trujo con harta pena, y cuidado aquel negocio, hasta que supe era concluido también. Sea Dios alabado. Siempre cuando el Señor da tanta multitud de trabajos juntos, suele dar buenos sucesos, que como nos conoce por tan flacos, y lo hace todo por nuestro bien, mide el padecer conforme a las fuerzas. Y ansí pienso nos ha de suceder en estas tempestades de tantos días; que si no estuviese cierta viven estos Descalzos, y Descalzas procurando llevar su regla con rectitud, y verdad, habría algunas veces temido han de salir los émulos con lo que pretenden (que es acabar este principio, que la Virgen sacratísima ha procurado se comience) según las astucias trae el demonio, que parece le ha dado Dios licencia, que haga su poder en esto.

Son tantas las cosas, y las diligencias que ha habido para desacreditarnos, en especial al padre Gracián, y a mí (que es a donde dan los golpes) y digo a V. S. que son tantos los testimonios que deste hombre se han dicho, y los memoriales que han dado al rey, y tan pesados, y destos monasterios de Descalzas, que le espantaría a V. S. si lo supiese, de cómo se pudo inventar tanta malicia. Yo entiendo se ha ganado mucho en ello; estas monjas con tanto regocijo, como si les tocara; el padre Gracián con una perfección, que me tiene espantada. Gran tesoro tiene Dios encerrado en aquella alma, con oración especial por quien se los levanta, porque los ha llevado con una alegría como un san Jerónimo. Como él las ha visitado dos años, y las conoce, no lo puede sufrir, porque las tiene por ángeles, y ansí las llama.

Fue Dios servido, que de lo que nos tocaba, se desdijeron los que lo habían dicho. De otras cosas que decían del padre Gracián, se hizo probanza por mandado del Consejo, y se vio la verdad. De otras cosas también se desdijeron, y vínose a entender la pasión de que andaba la corte llena. Y crea V. S. que el demonio pretendió quitar el provecho que estas casas hacen.

Ahora dejado lo que se ha hecho con estas pobres monjas de la Encarnación, que por sus pecados me eligieron, que ha sido un juicio, está espantado todo el lugar de lo que han padecido, y padecen, y aún no sé cuándo se ha de acabar; porque ha sido extraño el rigor del padre Tostado con ellas. Las tuvieron cincuenta, y más días sin dejarlas oír misa; que ver a nadie, tampoco ven ahora. Decían que estaban descomulgadas; y todos los teólogos de Ávila, que no: porque la descomunión era, porque no eligiesen de fuera de casa (que entonces no dijeron, que por mí la ponían) y a ellas les pareció, que como yo era profesa de aquella casa, y estuve tantos años en ella, que no era de fuera: porqué si ahora me quisiese tornar allí, podía, por estar allí mi dote, y no ser provincia apartada: y confirmaron otra priora con la menor parte. En el Consejo lo tienen, no sé en lo que parará.

He sentido muy mucho ver por mí tanto desasosiego, y escándalo de la ciudad, y tantas almas inquietas, que las descomulgadas eran más de cincuenta y cuatro. Solo me ha consolado, que hice todo lo que pude, porque no me eligiesen. Y certifico a V. S. que es uno de los grandes trabajos, que me pueden venir en la tierra, verme allí; y ansí el tiempo que estuve, no tuve hora de salud.

Mas aunque mucho me lastiman aquellas almas, que las hay de muy mucha perfección, y hase parecido en cómo han llevado los trabajos; lo que he sentido muy mucho, es, que por mandado del padre Tostado ha más de un mes que prendieron los dos Descalzos que las confesaban, con ser grandes religiosos, y tener edificado a todo el lugar cinco años que ha que están allí, que es lo que ha sustentado la casa en lo que yo la dejé. Al menos el uno, que llaman fray Juan de la Cruz, todos le tienen por santo, y todas, y creo que no se lo levantan; en mi opinión es una gran pieza: y puestos allí por el visitador apostólico domínico, y por el nuncio pasado, y estando sujetos al visitador Gracián. No sé en qué parará. Mi pena es, que los llevaron, y no sabemos a dónde; mas témese que los tienen apretados, y temo algún desmán. Dios lo remedie.

V. S. me perdone, que me alargo tanto; y gusto, que sepa V. S. la verdad de lo que pasa, por si fuere por allá el padre Tostado. El nuncio le favoreció mucho en viniendo, y dijo al padre Gracián, que no visitase. Y aunque por esto no deja de ser comisario apostólico (porque ni el nuncio había mostrado sus poderes, ni, a lo que dice, le quitó) se fue luego a Alcalá, y allí, y en Pastrana se ha estado en una cueva padeciendo, como he dicho, y no ha usado más de su comisión, sino estase allí, y todo suspenso.

Él desea en gran manera no tornar a la visita, y todos lo deseamos, porque nos está muy mal, si no es que Dios nos hiciese merced de hacer provincia, que si no, no sé en qué ha de parar. Y en yendo allí me escribió, que estaba determinado, si fuese a visitar el padre Tostado, de obedecerle, y que ansí lo hiciésemos todas. Él ni fue allá, ni vino acá. Creo lo detuvo el Señor. Con todo dicen los padres, que él lo hace todo, y procura la visita, que esto es lo que nos mata. Y verdaderamente no hay otra causa de lo que a V. S. he dicho: que en forma he descansado, con que sepa V. S. toda esta historia, aunque se canse un poco en leerlo, pues tan obligado está V. S. a favorecer esta Orden. Y también, para que vea V. S. los inconvenientes que hay para querer que vamos allá, con los que ahora diré, que es otra barahúnda.

Como yo no puedo dejar de procurar por las vías que puedo, que no se deshaga este buen principio (ni ningún letrado que me confiese me aconseja otra cosa) están estos padres muy disgustados conmigo, y han informado a nuestro padre general de manera, que juntó un Capítulo general, que se hizo: y ordenaron, y mandó nuestro padre general, que ninguna Descalza pudiese salir de su casa, en especial yo:

que escogiese la que quisiese, so pena de descomunión. Vese claro, que es porque no se hagan más fundaciones de monjas, y es lástima la multitud dellas que claman por estos monasterios; y como el número es tan poco, y no se hacen más, no se puede recibir. Y aunque el nuncio pasado mandó, que no dejase de fundar después desto, y tengo grandes patentes del visitador apostólico para fundar, estoy muy determinada a no lo hacer, si nuestro padre general, o el Papa, no ordenan otra cosa: porque como no queda por mi culpa, háceme Dios merced, que estaba ya cansada. Puesto que para servir a V. S. no fuera sino descanso, que es recia cosa pensar de no verle más; y si me lo mandasen, daríame gran consuelo. Y aunque esto no hubiera del Capítulo general, las patentes que yo tenía de nuestro padre general, no eran sino solo para los reinos de Castilla, por donde era menester mandato de nuevo. Yo tengo por cierto, que por ahora no lo dará nuestro padre general. Del Papa fácil sería, en especial si se le llevase una probanza, que mandó hacer el padre Gracián, de cómo viven en estos monasterios, y la vida que hacen, y provecho a otros a donde están, que dicen, las podrían por ella canonizar, y de personas graves. Yo no la he leído, porque temo se alarguen en decir bien de mí; mas yo mucho querría se acabase con nuestro padre general, si hubiese de ser, y se pudiese, para que tuviese por bien se funde en España, que sin salir yo, hay monjas que lo pueden hacer: digo hecha la casa, enviarlas a ella, que se quita gran provecho de las almas. Si V. S. se conociese con el protector de nuestra Orden, que dicen es sobrino del Papa, él lo acabaría con nuestro padre general: y entiendo será gran servicio de nuestro Señor, que V. S. lo procure, y hará gran merced a esta Orden.

Otro inconveniente hay (que quiero esté advertido V. S. de todo) que el padre Tostado está admitido ya por vicario general en ese reino, y sería recio caso caer en sus manos, en especial yo; y creo lo estorbaría con todas sus fuerzas: que en Castilla, a lo que ahora parece, no lo será. Porque como ha usado de su oficio, sin haber mostrado sus poderes, en especial en esto de la Encarnación, y ha parecido muy mal; hanle hecho dar los poderes, por una provisión real, al Consejo (y otra le había notificado el verano pasado), y no se los han tornado a dar, ni creo se los darán. Y también tenemos para estos monasterios cartas de los visitadores apostólicos, para que no seamos visitadas, sino de quien nuestro padre general mandare, con que sea Descalzo. Allá, no habiendo nada desto, presto irá la perfección por el suelo. V. S. verá cómo se podrán remediar todos estos inconvenientes, que buenas monjas no faltarán para servir a V. S. Y el padre Julián de Ávila (que parece está ya puesto en el camino) besa las manos de V. S. Está harto alegre de las nuevas (que él las sabía, antes que yo se las dijese) y muy confiado, que ha V. S. de ganar mucho con ese cuidado delante de nuestro Señor. María de san Jerónimo, que es la que era supriora desta casa, también besa las manos de V. S. Dice, que irá de muy buena gana a servir a V. S. si nuestro Señor lo ordena. Su majestad lo guíe todo, como sea más para su gloria, y a V. S. guarde con mucho aumento de amor suyo.

No es maravilla, que ahora no pueda V. S. tener el recogimiento que desea con novedades semejantes. Darale nuestro Señor doblado, como lo suele hacer, cuando se ha dejado por su servicio, aunque siempre deseo, que procure V. S. tiempo para sí; porque en esto está todo nuestro bien. Desta casa de san José de Ávila, a 16 de enero de 1578 años.

Suplico a V. S. no me atormente con estos sobrescritos, por amor de nuestro Señor.

Indigna sierva, y súbdita de V. S. I.

Teresa de Jesús.

Carta IV. Al ilustrísimo señor don Álvaro de Mendoza,
obispo de Ávila, en Olmedo

Jesús

La gracia del Espíritu Santo sea con V. S. siempre. Amén. Yo estoy buena del mal que tenía, aunque no de la cabeza, que siempre me atormenta este ruido. Mas con saber que tiene V. S. salud, pasaré yo muy bien mayores males. Beso a V. S. las manos muchas veces, por la merced que me hace con sus cartas, que nos son harto consuelo: y ansí le han recibido estas madres, y me las vinieron a mostrar muy favorecidas, y con razón.

Si V. S. hubiera visto cuán necesaria era la visita, de quien declare las constituciones, y las sepa de haberlas obrado, creo le diera mucho contento, y entendiera V. S. cuán grande servicio ha hecho a nuestro Señor, y bien a esta casa, en no la dejar en poder de quien supiera mal entender por dónde podía, y comenzaba a entrar el demonio: y hasta ahora sin culpa de nadie, sino con buenas intenciones. Cierto que no me harto de dar gracias a Dios. De la necesidad, ni falta que nos hará, cuando el obispo no haga nada con ellas, no tenga V. S. pena, que se remediará mejor de unos monasterios a otros, que no de quien en toda la vida nos terná el amor que V. S. Como tuviéramos a V. S. aquí para gozarle (que ésta es la pena) en lo demás ninguna mudanza parece que hemos hecho, que tan súbditas nos estamos; porque siempre lo serán todos los perlados de V. S., en especial el padre Gracián, que parece le hemos pegado el amor que a V. S. tenemos. Hoy le envié la carta de V. S. que no está aquí. Fue a despachar a los que van a Roma, a Alcalá. Muy contentas han quedado las hermanas dél. Cierto es gran siervo de Dios: y como ven que en todo seguirá lo que V. S. mandare, ayuda mucho.

En lo que toca a aquella señora, yo procuraré lo que V. S. manda, si hubiere ocasión, porque no es persona que acostumbra venir a esta casa quien me lo vino a decir; y a lo que se dio a entender, no es cosa de casamiento. Después que vi la carta de V. S. he pensado si es eso, y se pretendía atajar; aunque no puedo entender, que tenga persona, que le toque en este caso, quien me lo dijo, sino con celo de la república, y de Dios. Su majestad lo guíe como más se sirva; que ya está de suerte, que aunque V.S. no quiera, la harán parte. Harto me consuelo yo, que esté tan libre V. S. para no tener pena. Mire V. S. si sería bien advertirlo a la abadesa, y mostrarse V. S. enojado con la parte, para si se pudiese remediar algo; que yo digo a V. S. que se me encareció mucho.

En el negocio del maestro Daza, no sé que diga, que tanto quisiera que V. S. hiciera algo por él; porque veo lo que V. S. le debe de voluntad: que aunque no fuera después nada, me holgara. Éste dice tiene tanta, que si entendiese que da a V. S. pesadumbre en suplicar le haga merced, no por eso le dejaría de servir, sino que procuraría no decir jamás a V. S. le hiciese mercedes. Como tiene esta voluntad tan grande, y ve que V. S. las hace a otros, y ha hecho, un poco lo siente, pareciéndole poca dicha suya. En lo de la canonjía él escribe a V. S. lo que hay. Con estar cierto, que si alguna cosa vacare, antes que V. S. se vaya, le hará merced, queda contento, y el que a mí me daría esto, es, porque creo a Dios, y al mundo parecería bien, y verdaderamente V. S. se lo debe. Plegue a Dios haya algo, porque deje V.S. contentos a todos, que aunque sea menos que canonjía, lo tomará a mi parecer. En fin, no tienen todos el amor tan desnudo a V. S. como las Descalzas, que solo queremos que nos quiera, y nos le guarde Dios muy muchos años. Pues mi hermano bien puede entrar en esta cuenta, que está ahora en el locutorio, besa las manos muchas veces de V. S. y Teresa los pies. Todas nos mortificamos,

de que nos mande V. S. le encomendemos a Dios de nuevo; porque ha de ser ya esto tan entendido de V. S., que nos hace agravio. Danme priesa por esta, y ansí no me puedo alargar más. Paréceme, que con que diga V. S. al maestro, si algo vacare se lo dará, estará contento.
Indigna sierva, y súbdita de V. S.
Teresa de Jesús.

Carta V. Al mismo ilustrísimo señor don Alvaro de Mendoza, obispo de Ávila. Es la que llaman del vejamen
Jesús
Si la obediencia no me forzara, cierto yo no respondiera, ni admitiera la judicatura por algunas razones, aunque no por las que dicen las hermanas de acá, que es entrar mi hermano entre los opositores, que parece la afición ha de hacer torcer la justicia; porque a todos los quiero mucho, como quien me ha ayudado a llevar mis trabajos, que mi hermano vino al fin de beber el cáliz, aunque le ha alcanzado alguna parte, y alcanzará más, con el favor del Señor.

Él me dé gracia, para que no diga algo, que merezca denuncien de mí a la Inquisición, según está la cabeza de las muchas cartas, y negocios, que he escrito desde anoche acá. Mas la obediencia todo lo puede: y ansí haré lo que V. S. manda, bien, o mal. Deseo he tenido de holgarme un rato con los papeles, y no ha habido remedio.

(Censura a Francisco de Salcedo.) A lo que parece, el mote es del Esposo de nuestras almas, que dice: Búscate en mí. Pues señal es que yerra el señor Francisco de Salcedo, en poner tanto en que Dios está en todas las cosas, que él sabidor es que está en todas las cosas.

También dice mucho de entendimiento, y de unión. Ya se sabe que en la unión no obra el entendimiento: pues si no obra, ¿cómo ha de buscar? Aquello que dice David: Oiré lo que habla el Señor Dios en mí (Sal. 85, v. 9), me contentó mucho, porque esto de paz en las potencias, es mucho de estimar, que entiende por el pueblo. Mas no tengo intención de decir de cosa bien de cuanto han dicho; y ansí digo, que no viene bien, porque no dice la letra que oigamos, sino que busquemos.

Y lo peor de todo es, que si no se desdice, habré de denunciar de él a la Inquisición, que está cerca. Porque después de venir todo el papel diciendo: Este es dicho de san Pablo, y del Espíritu Santo, dice que ha firmado necedades. Venga luego la enmienda, si no, verá lo que pasa.

(Censura a Julián de Ávila.) El padre Julián de Ávila comenzó bien, y acabó mal; y ansí no se lo ha de dar la gloria. Porque aquí no le piden que diga de la luz increada, y criada como se junten, sino que nos busquemos en Dios. Ni le preguntamos lo que siente una alma, cuando está tan junta con su Criador, si está unida con él, ¿cómo tiene de sí diferencia, o no? Pues no hay allí entendimiento para esas disputas, pienso yo: porque si le hubiera, bien se pudiera entender la diferencia que hay entre el Criador, y la criatura.

(Censura al S. padre fray Juan de la Cruz.) También dice: Cuando está apurada. Creo yo, que no bastan aquí virtudes, ni apuración; porque es cosa sobrenatural, y dada de Dios a quien quiere; y si algo dispone, es el amor. Mas yo le perdono sus yerros, porque no fue tan largo como mi padre fray Juan de la Cruz. Harta buena doctrina dice en su respuesta, para quien quisiere hacer los ejercicios que hacen en la Compañía de Jesús, mas no para nuestro propósito.

Caro costaría, si no pudiéramos buscar a Dios, sino cuando estuviésemos muertos al mundo. No lo estaba la Madalena, ni la Samaritana, ni la Cananea, cuando le hallaron. También trata mucho de hacerse una misma cosa con Dios en unión; y cuando esto viene a ser, y hace esta merced al alma, no dirá que le busque, pues ya le ha hallado.

Dios me libre de gente tan espiritual, que todo lo quiere hacer contemplación perfecta, dé donde diere. Con todo eso, le agradecemos el habernos dado tan bien a entender lo que no preguntamos. Por eso es bien hablar siempre de Dios, que de donde no pensamos nos viene el provecho.

(Censura a su hermano.) Como ha sido del señor Lorenzo de Cepeda, a quien agradecemos mucho sus coplas, y respuesta. Que si ha dicho más que entiende, por la recreación que nos ha dado con ellas, le perdonamos la poca humildad en meterse en cosas tan subidas, como dice en su respuesta; y por el buen consejo que da, de que tengan quieta oración (como si fuese en su mano) sin pedírsele: ya sabe la pena a que se obliga el que esto hace. Plegue a Dios se le pegue algo de estar junto a la miel, que harto consuelo me da, aunque veo, que tuvo harta razón de correrse. Aquí no se puede juzgar mejoría, pues en todo hay falta sin hacer injusticia.

Mande V. S. que se enmienden. Quizá me enmendaré, en no me parecer a mi hermano en poco humilde. Todos son tan divinos esos señores, que han perdido por carta de más; porque (como he dicho) quien alcanzare esa merced de tener el alma unida consigo, no le dirá que le busque, pues ya le posee. Beso las manos de V. S. muchas veces, por la merced que me hizo con su carta. Por no cansar más a V. S. con estos desatinos, no escribo ahora.

Indigna sierva, y súbdita de V. S.
Teresa de Jesús.

Carta VI. Al muy ilustre señor don Sancho Dávila, que después fue obispo de Jaén

Jesús

La gracia del Espíritu Santo sea siempre con vuestra merced. He alabado a nuestro Señor, y tengo por gran merced suya, lo que vuestra merced tiene por falta, dejando algunos extremos de los que vuestra merced hacía por la muerte de mi señora la marquesa su madre, en que tanto todos hemos perdido. Su señoría goza de Dios, ¡y ojalá tuviésemos todas tal fin!

Muy bien ha hecho vuestra merced en escribir su vida, que fue muy santa, y soy yo testigo desta verdad. Beso a vuestra merced las manos, por la que me hace en querer enviármela, que tendré yo mucho que considerar, y alabar a Dios en ella. Esa gran determinación, que vuestra merced no siente en sí de no ofender a Dios, como cuando se ofrezca ocasión de servirle, y apartarse de no enojarle, no le ofenda, es señal verdadera, de que lo es el deseo de no ofender a su majestad. Y el llegarse vuestra merced al santísimo Sacramento cada día, y pesarle cuando no lo hace, lo es de más estrecha amistad.

Siempre vaya vuestra merced entendiendo las mercedes que recibe de su mano, para que vaya creciendo lo que le ama, y déjese de andar mirando en delgadezas de su miseria, que a bulto se nos representan a todos hartas, en especial a mí.

Y en eso de divertirse en el rezar el Oficio divino, en que tengo yo mucha culpa, y quiero pensar es flaqueza de cabeza; ansí lo piense vuestra merced pues bien sabe el Señor, que ya que rezamos, querríamos fuese muy bien. Yo ando mejor: y para el año que tuve el pasado, puedo decir que estoy buena, aunque pocos ratos sin padecer: y como veo que ya que se vive, es lo mejor, bien lo llevo.

Al señor marqués, y a mi señora la marquesa, hermanos de vuestra merced beso las manos de sus señorías, y que aunque he andado lejos, no me olvido en mis pobres oraciones de suplicar a nuestro Señor por sus señorías: y por vuestra merced no hago mucho, pues es mi señor, y padre de confesión.

Suplico a vuestra merced que al señor don Fadrique, y a mi señora doña María mande vuestra merced dar un recado de mi parte, que no tengo cabeza para escribir a sus señorías, y perdóneme vuestra merced por amor de Dios. Su divina majestad guarde a vuestra merced y dé la santidad que yo le suplico. Amén.
De Ávila 10 de octubre de 1580.
Indigna sierva de vuestra merced y su hija.
Teresa de Jesús.

Carta VII. Al mismo ilustrísimo señor don Sancho Dávila
Jesús
La gracia del Espíritu Santo sea siempre con vuestra merced. Si supiera que estaba vuestra merced en ese lugar, antes hubiera respondido a la carta de vuestra merced que lo deseaba mucho, para decir el gran consuelo que me dio. Páguelo la divina majestad a vuestra merced con los bienes espirituales, que yo siempre le suplico.

En la fundación de Burgos han sido tantos los trabajos, y poca salud, y muchas operaciones, que poco tiempo me quedaba para tomar este contento. Gloria sea a Dios, que ya queda acabado aquello, y bien. Mucho quisiera ir por donde vuestra merced está: que me diera gran contento tratar algunas cosas en presencia, que se pueden mal por cartas. En pocas quiere nuestro Señor que haga mi voluntad: cúmplase la de su divina majestad, que es lo que hace al caso. La vida de mi señora la marquesa deseo mucho ver. Debió de recibir tarde la carta mi señora la abadesa su hermana, y por leerla su merced, creo no me la ha enviado. Con mucha razón ha querido vuestra merced quede por memoria tan santa vida. Plegue a Dios la haga vuestra merced de lo mucho que hay en ella que decir, que temo ha de quedar corto.

¡Oh Señor! ¡Y qué es lo que padecí, en que sus padres de mi sobrina la dejasen en Ávila, hasta que yo volviese de Burgos! Como me vieron tan porfiada, salí con ello. Guarde Dios a vuestra merced que tanto cuida de hacerles merced en todo; que yo espero, que ha de ser vuestra merced su remedio. Guarde Dios a vuestra merced muchos años, con la santidad que yo siempre le suplico. Amén. De Palencia, 12 de agosto de 1582.

Indigna sierva, y súbdita de vuestra merced.
Teresa de Jesús.

Carta VIII. Al ilustrísimo señor don Alonso Velázquez, obispo de Osma

Jesús

Reverendísimo padre de mi alma: por una de las mayores mercedes que me siento obligada a nuestro Señor, es por darme su majestad deseo de ser obediente; porque en esta virtud siento mucho contento, y consuelo, como cosa que más encomendó nuestro Señor.

V. S. me mandó el otro día, que le encomendase a Dios: yo me tengo en esto cuidado, y añadiómele más el mandato de V. S. Yo lo he hecho, no mirando mi poquedad, sino ser cosa que mandó V. S. y con esta fe espero en su bondad, que V. S. recibirá lo que me parece representarle, y recibirá mi voluntad, pues nace de obediencia.

Representándole, pues, yo a nuestro Señor las mercedes que le ha hecho a V. S. y yo le conozco, de haberle dado humildad, caridad, y celo de almas, y de volver por la honra de nuestro Señor; y conociendo yo este deseo, pedile a nuestro Señor acrecentamiento de todas virtudes, y perfección, para que fuese tan perfecto, como la dignidad en que nuestro Señor le ha puesto pide. Fueme mostrado, que le faltaba a V.

S. lo más principal que se requiere para esas virtudes; y faltando lo más, que es el fundamento, la obra se deshace, y no es firme. Porque le falta la oración con lámpara encendida, que es la lumbre de la fe; y perseverancia en la oración con fortaleza, rompiendo la falta de unión, que es la unción del Espíritu Santo, por cuya falta viene toda la sequedad, y desunión, que tiene el alma.

Es menester sufrir la importunidad del tropel de pensamientos, y las imaginaciones importunas, e ímpetus de movimientos naturales, ansí del alma, por la sequedad, y desunión que tiene, como del cuerpo, por la falta de rendimiento que al espíritu ha de tener. Porque aunque a nuestro parecer no haya imperfecciones en nosotros, cuando Dios abre los ojos del alma, como en la oración lo suele hacer, parécense bien estas imperfecciones.

Lo que me fue mostrado del orden que V. S. ha de tener en el principio de la oración, hecha la señal de la cruz, es: acusarse de todas sus faltas cometidas después de la confesión, y desnudarse de todas las cosas, como si en aquella hora hubiera de morir: tener verdadero arrepentimiento de las faltas, y rezar el salmo del Miserere, en penitencia dellas. Y tras esto tiene de decir: A vuestra escuela, Señor, vengo a aprender, y no a enseñar. Hablaré con vuestra majestad, aunque polvo, y ceniza, y miserable gusano de la tierra. Y diciendo: Mostrad, Señor, en mí vuestro poder, aunque miserable hormiga de la tierra. Ofreciéndose a Dios en perpetuo sacrificio de holocausto, pondrá delante de los ojos del entendimiento, o corporales, a Jesucristo crucificado, al cual con reposo, y afecto del alma, remire, y considere parte por parte.

Primeramente considerando la naturaleza divina del Verbo eterno del Padre, unida con la naturaleza humana, que de sí no tenía ser, si Dios no se le diera. Y mirar aquel inefable amor, con aquella profunda humildad, con que Dios se deshizo tanto, haciendo al hombre Dios, haciéndose Dios hombre: y aquella magnificencia, y largueza con que Dios usó de su poder, manifestándose a los hombres, haciéndoles participantes de su gloria, poder, y grandeza.

Y si esto le causare la admiración que en una alma suele causar, quédese aquí: que debe mirar una alta tan baja, y una baja tan alta. Mirarle a la cabeza coronada de espinas, a donde se considera la rudeza de nuestro entendimiento, y ceguedad. Pedir a nuestro Señor tenga por bien de abrirnos los ojos del alma, y clarificarnos nuestro entendimiento con la lumbre de la fe, para que con humildad entendamos quién es Dios; y quién somos nosotros; y con este humilde conocimiento podamos guardar sus Mandamientos, y consejos, haciendo en todo su voluntad. Y mirarle las manos clavadas, considerando su largueza, y nuestra cortedad; confiriendo sus dádivas, y las nuestras.

Mirarle los pies clavados, considerando la diligencia con que nos busca, y la torpeza con que le buscamos. Mirarle aquel costado abierto, descubriendo su corazón, y entrañable amor con que nos amó, cuando quiso fuese nuestro nido, y refugio, y por aquella puerta entrásemos en el arca, al tiempo del diluvio de nuestras tentaciones, y tribulaciones. Suplicarle, que como él quiso que su costado fuese abierto, en testimonio del amor que nos tenía, dé orden, que se abra el nuestro, y le descubramos nuestro corazón, y le manifestemos nuestras necesidades, y acertemos a pedir el remedio, y medicina para ellas.

Tiene de llegarse V. S. a la oración con rendimiento, y sujeción, y con facilidad ir por el camino que Dios le llevare, fiándose con seguridad de su majestad. Oiga con atención la lección que le leyere: ahora mostrándole las espaldas, o el rostro, que es cerrándole la puerta, y dejándoselo fuera, o tomándole de la mano, y metiéndole en su recámara. Todo lo tiene de llevar con igualdad de ánimo: y cuando le reprendiere, aprobar su recto, y ajustado juicio, humillándose.

Y cuando le consolare, tenerse por indigno dello: y por otra parte aprobar su bondad, que tiene por naturaleza manifestarse a los hombres, y hacerlos participantes de su poder, y bondad. Y mayor injuria se hace a Dios, en dudar de su largueza en hacer mercedes, pues quiere más resplandecer en manifestar su omnipotencia, que no en mostrar el poder de su justicia. Y si el negar su poderío, para vengar sus injurias, sería grande blasfemia, mayor es negarle en lo que él quiere más mostrarlo, que es en hacer mercedes. Y no querer rendir el entendimiento, cierto es querer enseñarle en la oración, y no querer ser enseñado, que es a lo que allí se va; y sería ir contra el fin, y el intento con que allí se ha de ir. Y manifestando su polvo, y ceniza, tiene de guardar las condiciones del polvo, y ceniza, que es de su propia naturaleza estarse en el centro de la tierra.

Mas cuando el viento le levanta, haría contra naturaleza, si no se levantase; y levantado, sube cuanto el viento lo sube, y sustenta: y cesando el viento, se vuelve a su lugar. Ansí el alma, que se compara con el polvo, y ceniza, es necesario que tenga las condiciones de aquello con que se compara: y ansí ha de estar en la oración sentada en su conocimiento propio: y cuando el suave soplo del Espíritu Santo la levantare, y la metiere en el corazón de Dios, y allí la sustentare, descubriéndole su bondad, manifestándole su poder, sepa gozar de aquella merced con hacimiento de gracias, pues la entrañiza, arrimándola a su pecho, como a esposa regalada, y con quien su Esposo se regala.

Sería gran villanía, y grosería, la esposa del rey (a quien él escogió, siendo de baja suerte) no hacer presencia en su casa, y corte el día que él quiere que la haga, como lo hizo la reina Vasthi (Esth. c. 1, v. 12), lo cual el rey sintió, como lo cuenta la santa Escritura. Lo mismo suele hacer nuestro Señor con las almas, que se esquivan dél; pues su majestad lo manifiesta, diciendo: Que sus regalos eran estar con los hijos de los hombres (Prov. 8, v. 31). Y si todos huyesen, privarían a Dios de sus regalos, según este atributo, aunque sea debajo de color de humildad, lo cual no sería, sino indiscreción, y mala crianza, y género de menosprecio, no recibir de su mano lo que él da; y falta de entendimiento del que tiene necesidad de una cosa para el sustento de la vida, cuando se la dan, no tomarla.

Dícese también, que tiene de estar como el gusano de la tierra. Esta propiedad es, estar el pecho pegado a ella, humillado, y sujeto al Criador, y a las criaturas, que aunque le huellen, o las aves le piquen, no se levanta. Por el hollar se entiende, cuando en el lugar de la oración se levanta la carne contra el espíritu, y con mil géneros de engaños, y desasosiegos, representándole, que en otras partes hará más provecho; como acudir a las necesidades de los prójimos, y estudiar, para predicar, y gobernar lo que cada uno tiene a su cargo.

A lo cual se puede responder, que su necesidad es la primera, y de más obligación, y la perfecta caridad empieza de sí mismo. Y que el pastor, para hacer bien su oficio, se tiene de poner en el lugar más alto, de donde pueda bien ver toda su manada, y ver si la acomete las fieras; y este alto es el lugar de la oración.

Llámase también gusano de la tierra; porque aunque los pájaros del cielo le piquen, no se levanta de la tierra, ni pierde la obediencia, y sujeción, que tiene a su Criador, que es estar en el mismo lugar que él le puso. Y ansí el hombre ha de estar firme en el puesto que Dios le tiene, que es el lugar de la oración; que aunque las aves, que son los demonios, le piquen, y molesten con las imaginaciones, y pensamientos importunos, y los desasosiegos, que en aquella hora trae el demonio, llevando el pensamiento, y derramándole de una parte a otra, y tras el pensamiento se va el corazón; y no es poco el fruto de la oración sufrir estas molestias, e importunidades con paciencia. Y esto es ofrecerse en holocausto, que es consumirse todo el sacrificio en el fuego de la tentación, sin que de allí salga cosa dél.

Porque el estar allí sin sacar nada, no es tiempo perdido, sino de mucha ganancia; porque se trabaja sin interés, y por sola la gloria de Dios: que aunque de presto le parece que trabaja en balde, no es ansí, sino que acontece a los hijos, que trabajan en las haciendas de sus padres, que aunque a la noche no llevan jornal, al fin del año lo llevan todo.

Y esto es muy semejante a la oración del Huerto, en la cual pedía Jesucristo nuestro Señor, que le quitasen la amargura, y dificultad, que se hace para vencer la naturaleza humana. No pedía que le quitasen los trabajos, sino el disgusto con que los pasaba; y lo que Cristo pedía para la parte inferior del hombre, era, que la fortaleza del espíritu se comunicase a la carne, en la cual se esforzase pronta, como lo estaba el espíritu, cuando le respondieron, que no convenía, sino que bebiese aquel cáliz: que es, que venciese aquella pusilanimidad, y flaqueza de la carne; y para que entendiésemos, que aunque era verdadero Dios, era también verdadero hombre, pues sentía también las penalidades, como los demás hombres.

Tiene necesidad el que llega a la oración de ser trabajador, y nunca cansarse en el tiempo del verano, y de la bonanza (como la hormiga) para llevar mantenimiento para el tiempo del invierno, y de los diluvios, y tenga provisión de que se sustente, y no perezca de hambre, como los otros animales desapercibidos; pues aguarda los fortísimos diluvios de la muerte, y del juicio.

Para ir a la oración, se requiere ir con vestidura de boda, que es vestidura de Pascua, que es de descanso, y no de trabajo: para estos días principales todos procuran tener preciosos atavíos; y para honrar una fiesta, suele uno hacer grandes gastos, y lo da por bien empleado, cuando sale como él desea. Hacerse uno gran letrado, y cortesano, no se puede hacer sin grande gasto, y mucho trabajo. El hacerse cortesano del cielo, y tener letras soberanas, no se puede hacer sin alguna ocupación de tiempo, y trabajo de espíritu.

Y con esto ceso de decir más a V. S., a quien pido perdón del atrevimiento, que he tenido en representar esto, que aunque está lleno de faltas, e indiscreciones, no es falta de celo, que debo tener al servicio de V. S. como verdadera oveja suya, en cuyas santas oraciones me encomiendo. Guarde nuestro Señor a V. S. con muchos aumentos de su gracia. Amén.

Indigna sierva, y súbdita de V. S.
Teresa de Jesús.

Carta IX. A la Ilustrísima, y excelentísima señora doña María Henríquez, duquesa de Alba

Jesús

La gracia del espíritu Santo sea siempre con vuestra excelencia. Mucho he deseado hacer esto, después que supe estaba vuestra excelencia en su casa. Y ha sido tan poca mi salud, que desde el jueves de la Cena, no se me ha quitado calentura, hasta habrá ocho días; y tenerla era el menor mal, según lo que he pasado. Decían los médicos, se hacía una postema en el hígado: con sangrías, y purgas ha sido Dios servido de dejarme en este piélago de trabajos. Plegue a su divina majestad se sirva de dármelos a mí sola, y no a quien me ha de doler más que padecerlos yo. Por acá ha parecido, que se ha hecho muy bien el remate de los negocios de vuestra excelencia.

Yo no sé qué decir, sino que quiere nuestro Señor, que no gocemos de contento, sino acompañado de pena: que ansí creo la debe vuestra excelencia de tener en estar apartada de quien tanto quiere; mas será servido, que su excelencia gane ahora mucho con nuestro Señor, y después venga todo junto el consuelo. Plegue a su majestad lo haga como yo se lo suplico, y en todas estas casas de monjas, que con grandísimo cuidado se hace. Solo este buen suceso las he encargado tomen ahora muy a su cuenta; y yo, aunque ruin, ordinariamente le traigo delante: y ansí lo haremos, hasta tener las nuevas que yo deseo.

Estoy considerando las romerías, y oraciones, en que vuestra excelencia andará ocupada ahora; como muchas veces le parecerá, era vida más descansada la prisión. ¡Oh válame Dios, qué vanidades son las deste mundo! ¡Y cómo es lo mejor no desear descanso, ni cosa dél! Sino poner todas las que nos tocaren en las manos de Dios, que él sabe mejor lo que nos conviene, que nosotros lo pedimos.

Tengo mucho deseo de saber cómo le va a vuestra excelencia de salud, y lo demás; y ansí suplico a vuestra excelencia me mande avisar. Y no se le dé a vuestra excelencia nada, que no sea de su mano; que como ha tanto, que no veo letra de vuestra excelencia, aun con los recaudos, que me escribía el padre maestro Gracián de parte de vuestra excelencia, me contentaba. De a dónde estaré, cuando estuviere para partirme deste lugar, ni de otras cosas, no digo aquí; porque pienso irá por allá el padre fray Antonio de Jesús, y dará a vuestra excelencia cuenta de todo.

Una merced me ha de hacer ahora vuestra excelencia en todo caso, porque me importa se entienda el favor, que vuestra excelencia me hace en todo. Y es, que en Pamplona de Navarra se ha fundado ahora una casa de la Compañía de Jesús, y entró muy en paz. Después se ha levantado tan gran persecución contra ellos, que los quieren echar del lugar. Hanse amparado del conde Estable, y su señoría los ha hablado muy bien, y hecho mucha merced. La que vuestra excelencia me ha de hacer es, escribir a su señoría una carta, agradeciéndole lo que ha hecho, y mandándole lo lleve muy adelante, y los favorezca en todo lo que se les ofreciere.

Como ya sé, por mis pecados, la aflicción que es a religiosos verse perseguidos, helos habido lástima; y creo gana mucho con su majestad quien los favorece, y ayuda: y esto querría yo ganase vuestra excelencia, que me parece será dello tan servido, que me atreviera a pedirlo también al duque, si estuviera cerca. Dicen los del pueblo, que lo que ellos gastaren, ternán menos: y hace la casa un caballero, y les da muy buena renta, que no es de pobreza; y cuando lo fuera, es harto poca fe, que un Dios tan grande les parezca, que no es poderoso para dar de comer a los que le sirven. Su majestad guarde a vuestra excelencia, y la dé en esta ausencia, tanto amor suyo, que pueda pasarlo con sosiego; que sin pena, será imposible.

Suplico a vuestra excelencia, que a quien fuere por la respuesta desta, mande vuestra excelencia dar esta, que le suplico. Y ha de ir, que no parezca carta ordinaria de favor, sino que vuestra excelencia lo quiere. ¡Mas qué importuna estoy! De cuanto vuestra excelencia me hace padecer, y ha hecho, no es mucho me sufra ser tan atrevida. Son hoy 8 de abril. Desta casa de san José de Toledo. Quise decir, de mayo 8.

Indigna sierva de vuestra excelencia, y súbdita.
Teresa de Jesús.

Carta X. A la ilustrísima señora doña Luisa de la Cerda, señora de Malagón

Jesús sea con V. S. Ni lugar, ni fuerzas tengo para escribir mucho; porque a pocas personas escribo ahora de mi letra. Poco ha escribí a V. S. Yo me estoy ruin. Con V. S. y en su tierra me va mejor de salud, aunque la gente desta no me aborrece, gloria a Dios. Mas como está allá la voluntad, ansí lo querría estar el cuerpo.

¿Qué le parece a V. S. cómo lo va ordenando su majestad tan a descanso mío? Bendito sea su nombre, que ansí ha querido ordenarlo por manos de personas tan siervas de Dios, que pienso se ha de servir mucho su majestad en ello. V. S. por amor de su majestad, ande intentando haber la licencia. Paréceme no nombren al gobernador, que es para mí, sino para casa destas Descalzas: y digan el provecho, que hacen donde están (al menos por las de nuestro Malagón no perderemos, gloria a Dios) y verá V. señoría, que presto tiene allá esta su sierva, que parece quiere el Señor no nos apartemos. Plegue a su majestad sea ansí en la gloria, con todos esos mis señores, en cuyas oraciones me encomiendo mucho. Escríbame V. señoría cómo le va de salud, que muy perezosa está en hacerme esta merced. Estas hermanas besan a V. señoría las manos. No puede creer los perdones, y ganancias, que hemos hallado para las fundadoras desta Orden: son sin número. Sea el Señor con V. señoría. Es hoy día de santa Lucía.

Indigna sierva de V. S.

Teresa de Jesús, Carmelita.

Carta XI. Al ilustrísimo señor don Diego de Mendoza, del
 Consejo de Estado de su majestad
Jesús
 Sea el Espíritu Santo siempre con V. S. Amén. Yo digo a V. S. que no puedo entender la causa, porque yo, y estas hermanas, tan tiernamente nos hemos regalado, y alegrado con la merced, que V. S. nos hizo con su carta. Porque aunque haya muchas, y estamos tan acostumbradas a recibir mercedes, y favores de personas de mucho valor, no nos hace esta operación, conque alguna cosa hay secreta, que no entendemos. Y es ansí, que con advertencia lo he mirado en estas hermanas, y en mí.
 Sola una hora nos dan de término para responder, y dicen se va el mensajero: y a mi parecer ellas quisieran muchas; porque andan cuidadosas de lo que V. S. les manda: y en su seso piensa su comadre de V. S. que han de hacer algo sus palabras. Si conforme a la voluntad con que ella las dice, fuera el efeto, yo estuviera bien cierta, aprovecharan; mas es negocio de nuestro Señor, y solo su majestad puede mover: y harta gran merced nos hace en dar a V. S. luz de cosas, y deseos; que en tan gran entendimiento, imposible es, si no que poco a poco obren estas dos cosas.
 Una puedo decir con verdad, que fuera de negocios, que tocan al señor obispo, no entiendo ahora otra, que más alegrase mi alma, que ver a V. S. señor de sí. Y es verdad, que lo he pensado, que a persona tan valerosa, solo Dios puede henchir sus deseos; y ansí ha hecho su majestad bien, que en la tierra se hayan descuidado los que pudieran comenzar a cumplir alguno.

V. S. me perdone, que voy ya necia. Más que cierto es serlo los más atrevidos, y ruines; y en dándoles un poco de favor, tomar mucho.

El padre fray Jerónimo Gracián se holgó mucho con el recaudo de V. S. que sé yo tiene el amor, y deseo, que es obligado, y aun creo harto más de servir a V. S. y que procura le encomienden personas de las que trata (que son buenas) a nuestro Señor. Y él lo hace con tanta gana de que le aproveche, que espero en su majestad le ha de oír; porque según me dijo un día, no se contenta con que sea vuestra señoría muy bueno, sino muy santo.

Yo tengo mis bajos pensamientos: contentarme ya con que V. S. se contentase con solo lo que ha menester para sí solo, y no se extendiese a tanto su caridad de procurar bienes ajenos: que yo veo, que si V. S. con su descanso solo tuviese cuenta, le podía ya tener, y ocuparse en adquirir bienes perpetuos, y servir a quien para siempre le ha de tener consigo, no se cansando de dar bienes.

Ya sabíamos cuando es el santo, que V. S. dice. Tenemos concertado de comulgar todas aquel día por V. S. y se ocupará lo mejor que pudiéremos.

En las demás mercedes, que V. S. me hace, tengo visto podré suplicar a V. S. muchas, si tengo necesidad; mas sabe nuestro Señor, que la mayor que V. S. me puede hacer, es estar a donde no me pueda hacer ninguna desas, aunque quiera. Con todo, cuando me viere en necesidad, acudiré a V. S. como a señor desta casa.

Estoy oyendo la obra que pasan María, Isabel, y su comadre de V. S. para escribir. Isabelita, que es la de san Judas, calla, y como nueva en el oficio no sé qué dirá. Determinada estoy a no enmendarles palabra, sino que V. S. las sufra, pues manda las digan. Es verdad, que es poca mortificación leer necedades: ni poca prueba de la humildad de V. S. haberse contentado de gente tan ruin. Nuestro Señor nos haga tales, que no pierda V. S. esta buena obra, por no saber nosotras pedir a su majestad la pague a V. S. Es hoy domingo, no sé si 20 de agosto.

Indigna sierva, y verdadera hija de V. S.

Teresa de Jesús.

Carta XII. A la ilustrísima señora doña Ana Henríquez.
En Toro

Jesús

La gracia del Espíritu Santo sea con vuestra merced siempre. Harto consuelo fuera para mí hallar a vuestra merced en este lugar; y diera por bien empleado el camino, por gozar de vuestra merced con más asiento que en Salamanca. No he merecido esta merced de nuestro Señor: sea por siempre bendito. Esta priora se lo ha gozado todo: en fin, es mejor que yo, y harto servidora de vuestra merced.

Harto me he holgado haya tenido vuestra merced a mi padre Baltasar Álvarez algunos días, porque haya alivio de tantos trabajos. Bendito sea el Señor, que tiene vuestra merced más salud que suele. La mía es ahora harto mejor, que todos estos otros años; que es harto en este tiempo. Hallé tales almas en esta casa, que me ha hecho alabar a nuestro Señor. Y aunque Estefanía cierto es a mi parecer santa, el talento de Casilda, y las mercedes que el Señor la hace, después que tomó el hábito, me ha satisfecho mucho. Su majestad lo lleve adelante, que mucho es de preciar almas, que tan con tiempo las toma para sí.

La simplicidad de Estefanía para todo, si no es para Dios, es cosa que me espanta, cuando veo la sabiduría, que en su lenguaje tiene de la verdad.

Ha visitado el padre provincial esta casa, y ha hecho elección. Acudieron a la misma, que se tenían; y traemos para supriora una de san José de Ávila, que eligieron, que se llama Antonia del Espíritu Santo. La señora doña Guiomar la conoce: es harto buen espíritu.

La fundación de Zamora se ha quedado por ahora, y tornó a la jornada larga que iba. Ya yo había pensado de procurar mi contento, con ir por ese lugar, para besar a vuestra merced las manos. Mucho ha que no tengo carta de mi padre Baltasar Álvarez, ni le escribo: y no cierto por mortificarme, que en esto nunca tengo aprovechamiento, y aun creo en todo, sino que son tantos los tormentos destas cartas; y cuando alguno es solo para mi contento, siempre me falta tiempo. Bendito sea Dios, que hemos de gozar dél con seguridad eternalmente; que cierto acá con estas ausencias, y variedades en todo, poco caso podemos hacer de nada. Con este esperar el fin, paso la vida: dicen, que con trabajos, a mí no me lo parece.

Acá me cuenta la madre priora del mi guardador, que no le cae en menos gracia su gracia, que a mí. Nuestro Señor le haga muy santo. Suplico a vuestra merced dé a su merced mis encomiendas. Yo le ofrezco a nuestro Señor muchas veces, y al señor don Juan Antonio lo mismo. Vuestra merced no me olvide por amor del Señor, que siempre tengo necesidad. De la señora doña Guiomar, ya nos podemos descuidar, según vuestra merced dice, y ella encarece. Harto gustará de saber algún principio de tan buen suceso, para atinar a lo que es, por gozar de contento, el que vuestra merced tiene. Désele nuestro Señor a vuestra merced en el alma esta Pascua, tan grande como yo se lo suplicaré.

Este día de santo Tomé hizo aquí el padre fray Domingo un sermón, a donde puso en tal término los trabajos, que yo quisiera haber tenido muchos; y aunque me los dé el señor en lo por venir. En extremo me han contentado sus sermones. Tiénenle elegido por prior: no se sabe si le confirmarán. Anda tan ocupado, que le he gozado harto poco, mas con otro tanto que viera a vuestra merced me contentara. Ordénelo el Señor; y dé a vuestra merced tanta salud, y descanso, como es menester para ganar el que no tiene fin. Es mañana víspera de Pascua.

Indigna sierva, y súbdita de vuestra merced.

Teresa de Jesús.

Carta XIII. Al reverendísimo padre, el maestro fray Juan Bautista Rubeo de Rávena, general que fue de la Orden de nuestra Señora del Carmen

Jesús

La gracia del Espíritu Santo sea siempre con vuestra paternidad. Amén. Después que llegué aquí a Sevilla, he escrito a vuestra paternidad tres, o cuatro veces; y no lo he hecho más, porque me dijeron estos padres, que venían del Capítulo, que no estaría vuestra paternidad en Roma, que andaba a visitar los mantuanos. Bendito sea Dios, que se acabó este negocio tan bien. Allí daba a vuestra paternidad cuenta de los monasterios, que se han fundado este año, que son tres, en Veas, en Caravaca, y aquí. Tiene vuestra paternidad súbditas en ellos harto siervas de Dios. Los dos son de renta, y el deste lugar de pobreza. Aún no hay casa propia; mas espero en el Señor se hará. Porque tengo por cierto, que algunas destas cartas habrán llegado a manos de vuestra paternidad, no le doy más particular cuenta en ésta de todo.

Allí decía, cuán diferente cosa es hablar a estos padres Descalzos (digo al padre maestro Gracián, y a Mariano), de lo que por allá yo oía. Porque cierto son hijos verdaderos de vuestra paternidad, y en lo sustancial, osaré decir, que ninguno de los que mucho dicen que lo son, les hace ventaja. Como me pusieron por medianera, para que vuestra paternidad los tornase a su gracia (porque ellos ya no lo osaban escribir), suplicábalo a vuestra paternidad en estas cartas con todo el encarecimiento, que yo supe: y ansí se lo suplico ahora. Por amor de nuestro Señor, que me haga vuestra paternidad esta merced, y me dé algún crédito; pues no hay por qué yo no trate, sino toda verdad: dejado que ternía por ofensa de Dios no la decir, y a padre que yo tanto quiero; aunque no fuera ir contra Dios, lo tuviera por gran traición, y maldad.

Cuando estemos delante de su acatamiento, verá vuestra paternidad lo que debe a su hija verdadera Teresa de Jesús. Esto solo me consuela en estas cosas; porque bien entiendo debe haber quien diga al contrario; y ansí en todo lo que yo puedo, lo entienden todos, y entenderán mientras viviere, digo los que están sin pasión.

Ya escribí a vuestra paternidad la comisión que tenía el padre Gracián del nuncio, y cómo ahora le había enviado a llamar. Ya sabrá vuestra paternidad, cómo se la tornaron a dar de nuevo, para visitar a Descalzos, y Descalzas, y a la provincia de Andalucía. Yo sé muy cierto, que esto postrero rehusó todo lo que pudo, aunque no se dice ansí; mas esta es la verdad, y su hermano el secretario tampoco lo quisiera, porque no se sigue, sino gran trabajo. Mas ya que estaba hecho, si me hubieran creído estos padres, se hiciera sin dar nota a nadie, y muy como entre hermanos, y para esto puse todo lo que pude; porque dejado que es razón, desde que estamos aquí nos han socorrido en todo: y como a vuestra paternidad escribí, hallo aquí personas de buen talento, y letras; y quisiera yo harto las hubiera ansí en nuestra provincia de Castilla.

Yo soy siempre amiga de hacer de la necesidad virtud (como dicen), y ansí quisiera, que cuando se ponían a resistir, miraran si podrían salir con ello. Por otra parte no me espanto, que están cansados de tantas visitas, y novedades, como por nuestros pecados ha habido tantos años. Plegue al Señor nos sepamos aprovechar dello, que harto nos despierta su majestad; aunque ahora, como es de la misma Orden, no parece tan en deslustre della. Y espero en Dios, que si vuestra paternidad favorece este padre, de manera que entiendan está en gracia de vuestra paternidad, que se ha de hacer todo muy bien. Él escribe a vuestra paternidad, y tiene gran deseo de lo que digo, y de no dar a vuestra paternidad ningún disgusto, porque se tiene por obediente hijo suyo.

Lo que yo torno en ésta a suplicar a vuestra paternidad por amor de nuestro Señor, y de su gloriosa Madre (a quien vuestra paternidad tanto ama, y este padre lo mismo, que por ser muy su devoto entró en esta Orden) es, que vuestra paternidad le responda, y con blandura, y deje otras cosas pasadas, aunque haya tenido alguna culpa, y le tome por muy hijo, y súbdito; porque verdaderamente lo es: y el pobre Mariano lo mismo, sino que algunas veces no se entiende. Y no me espanto escribiese a vuestra paternidad diferente de lo que tiene en su voluntad, por no saberse declarar, que él nunca confiesa haber sido (en dicho, ni en hecho) su intención de enojar a vuestra paternidad. Como el demonio gana tanto en que las cosas se entiendan a su propósito, y ansí debe haber ayudado, a que sin querer hayan atinado mal a los negocios.

Mas mire vuestra paternidad, que es de los hijos errar, y de los padres perdonar, y no mirar a sus faltas. Por amor de nuestro Señor suplico a vuestra paternidad me haga esta merced. Mire, que para muchas cosas conviene; que quizá no las entiende vuestra paternidad allá, como yo que estoy acá; y que aunque las mujeres no somos buenas para consejo, alguna vez acertamos. Yo no entiendo, qué daño pueda venir de aquí; y como digo, provechos puede haber muchos, y ninguno entiendo que haya en admitir vuestra paternidad a los que se echarían de muy buena gana a sus pies, si estuvieran presentes, pues Dios no deja de perdonar: y que se entienda gusta vuestra paternidad de que la reforma se haga por súbdito hijo suyo, y que a trueco deste, gusta de perdonarle.

Si hubiera muchos a quien lo encomendar, vaya; mas pues al parecer no lo hay con los talentos, que este padre tiene (que cierto entiendo si vuestra paternidad lo viese, lo diría ansí) ¿por qué no ha de mostrar vuestra paternidad, que gusta de tenerle por súbdito? ¿Y de que entiendan todos, que esta reforma (si se hiciere bien) es por medio de vuestra paternidad, y de sus consejos, y avisos? Y con entender vuestra paternidad gusta desto, se allana todo. Muchas más cosas quisiera decir en este caso. Suplico a nuestro Señor dé a entender a vuestra paternidad lo que esto conviene; porque de mis palabras ha días vuestra paternidad no le hace. Bien segura estoy, que si en ellas yerro, no yerra mi voluntad.

El padre fray Antonio de Jesús esta aquí, y no pudo hacer menos; aunque también se comenzó a defender como estos padres. Él escribe a vuestra paternidad, quizá terná más dicha que yo, que vuestra paternidad crea como conviene para todo esto que digo. Hágalo nuestro Señor como puede, y ve que es menester.

Yo supe la acta que viene del Capítulo general, para que yo no salga de una casa. Habíala enviado aquí el padre provincial fray Ángel al padre Ulloa, con un mandamiento, que me notificase. Él pensó me diera mucha pena; como el intento destos padres ha sido dármela en procurar esto, y ansí se lo tenía guardado. Debe haber poco más de un mes, que yo procuré me lo diesen; porque lo supe por otra parte.

Yo digo a vuestra paternidad cierto, que a cuanto puedo entender de mí, que me fuera gran regalo, y contento, si vuestra paternidad por una carta me lo mandara, y viera yo era doliéndose de los grandes trabajos, que para mí (que soy para padecer poco), en estas fundaciones he pasado; y que por premio me mandaba vuestra paternidad descansar. Porque aun entendiendo por la vía que viene, me ha dado harto consuelo poder estar en mi sosiego.

Como tengo tan gran amor a vuestra paternidad, no he dejado como regalada de sentir, que como a persona muy desobediente, viniese de suerte, que el padre fray Ángel pudiese publicarlo en la corte antes que yo supiese nada, pareciéndole se me hacía mucha fuerza; y ansí me escribió, que por la Cámara del Papa lo podía remediar, como si no fuera un gran descanso para mí. Por cierto, aunque no lo fuera hacer lo que vuestra paternidad me manda, sino grandísimo trabajo, no me pasara por pensamiento dejar de obedecer: ni me dé Dios tal lugar, que contra la voluntad de vuestra paternidad procure contento.

Porque puedo decir con verdad (y esto sabe nuestro Señor) que si algún alivio tenía en los trabajos, desasosiegos, aflicciones, y murmuraciones que he pasado, era entender hacia la voluntad de vuestra paternidad, y le daba contento; y ansí me lo dará ahora hacer lo que vuestra paternidad me manda. Yo lo quise poner por obra: era cerca de Navidad, y como el camino es tan largo, no me dejaron, entendiendo, que la voluntad de vuestra paternidad no era aventurase la salud, y ansí me estoy todavía aquí, aunque no con intento de quedarme siempre en esta casa, sino hasta que pase el invierno; porque no me entiendo con la gente de Andalucía.

Y lo que suplico mucho a vuestra paternidad es, que no me deje de escribir a donde quiera que estuviere, que como ya no tengo negocios (que cierto me será gran contento) he miedo, que me ha de olvidar vuestra paternidad, aunque yo no le daré lugar para esto; porque aunque vuestra paternidad se canse, no dejaré de escribirle por mi descanso.

Por acá nunca se ha entendido, ni se entiende, que el concilio, y Motu propio quita a los perlados, que puedan mandar, que vayan las monjas a casas, para bien, y cosas de la Orden, que se pueden ofrecer muchas. No lo digo esto por mí, que ya no estoy para nada (y no digo yo estarme en una casa, que me está tan bien tener algún sosiego, y descanso; mas en una cárcel, como entienda doy a vuestra paternidad contento, estaré de buena gana toda la vida), sino porque no tenga vuestra paternidad escrúpulo de lo pasado: que aunque tenía las patentes, jamás iba a ninguna parte a fundar (que a lo demás claro está que no podía ir) sin mandamiento por escrito, o licencia del perlado; y ansí me la dio el padre fray Ángel para Veas, y Caravaca, y el padre Gracián para venir aquí; porque la misma comisión tenía entonces del nuncio, que tiene ahora, sino que no usaba della. Aunque el padre fray Ángel ha dicho vine apóstata, y que estaba descomulgada, Dios le perdone. Vuestra paternidad sabe, y es testigo, de que siempre he procurado esté vuestra paternidad bien con él, y darle contento (digo en cosas, que no eran descontentar a Dios) y nunca acaba de estar bien conmigo.

Harto provecho le haría, si tan mal estuviese con Valdemoro. Como es prior de Ávila, quitó los Descalzos de la Encarnación con harto gran escándalo del pueblo: y ansí traía aquellas monjas (que estaba la casa, que era para alabar a Dios) que es lástima el gran desasosiego que traen. Y escríbenme, que por disculparle a él, se echan la culpa a sí. Ya se tornaron los Descalzos, y según me han escrito, ha mandado el nuncio no las confiesen otros ningunos de los del Carmen.

Harta pena me ha dado el desconsuelo de aquellas monjas, que no les dan sino pan; y por otra parte tanta inquietud: háceme gran lástima. Dios lo remedie todo, y a vuestra paternidad nos guarde muchos años. Hoy me han dicho, que viene acá el general de los Domínicos. Si me hiciese Dios merced, que se ofreciese el venir vuestra paternidad; aunque por otra parte sentiría su trabajo. Y ansí se habrá de quedar mi descanso para aquella eternidad, que no tiene fin, a donde verá vuestra paternidad lo que me debe.

Plegue al Señor, por su misericordia, que lo merezca yo. A esos mis reverendos padres, compañeros de vuestra paternidad, me encomiendo mucho en las oraciones de sus paternidades. Estas súbditas, y hijas de vuestra paternidad, le suplican les eche su bendición: y yo lo mismo para mí. De Sevilla, etc.

De vuestra paternidad indigna hija, y súbdita.

Teresa de Jesús.

Carta XIV. Al reverendo padre maestro fray Luis de Granada, de la Orden de santo Domingo

Jesús

La gracia del Espíritu Santo sea siempre con vuestra paternidad. Amén. De las muchas personas que aman en el Señor a vuestra paternidad, por haber escrito tan santa, y provechosa doctrina, y dan gracias a su majestad, y por haberle dado a vuestra paternidad para tan grande, y universal bien de las almas, soy yo una. Y entiendo de mí, que por ningún trabajo hubiera dejado de ver a quien tanto me consuela oír sus palabras, si se sufriera conforme a mi estado, y ser mujer. Porque sin esta causa, la he tenido de buscar personas semejantes, para asegurar los temores, en que mi alma ha vivido algunos años. Y ya que esto no he merecido, heme consolado de que el señor don Teutonio me ha mandado escribir esta; a lo que yo no hubiera atrevimiento. Más fiada en la obediencia, espero en nuestro Señor me ha de aprovechar, para que vuestra paternidad se acuerde alguna vez de encomendarme a nuestro Señor: que tengo dello gran necesidad, por andar con poco caudal, puesta en los ojos del mundo, sin tener ninguno para hacer de verdad algo de lo que imaginan de mí.

Entender vuestra paternidad esto, bastaría a hacerme merced, y limosna; pues tan bien entiende lo que hay en él, y el gran trabajo que es, para quien ha vivido una vida harto ruin. Con serlo tanto, me he atrevido muchas veces a pedir a nuestro Señor la vida de vuestra paternidad sea muy larga. Plegue a su majestad me haga esta merced, y vaya vuestra paternidad creciendo en santidad, y amor suyo. Amén.

Indigna sierva, y súbdita de vuestra paternidad.

Teresa de Jesús, Carmelita.

El señor don Teutonio, creo es de los engañados en lo que me toca. Díceme quiere mucho a vuestra paternidad. En pago desto, está vuestra paternidad obligado a visitar a su señoría, no se crea tan sin causa.

Carta XV. Al reverendo maestro fray Pedro Ibáñez, de la Orden de santo Domingo, confesor de la Santa

Jesús

El Espíritu Santo sea siempre con vuestra merced. Amén. No sería malo encarecer a vuestra merced este servicio, por obligarle a tener mucho cuidado de encomendarme a Dios, que según lo que he pasado en verme escrita, y traer a la memoria tantas miserias mías, bien podía; aunque con verdad puedo decir, que he sentido más en escribir las mercedes que nuestro Señor me ha hecho, que las ofensas, que yo a su majestad.

Yo he hecho lo que vuestra merced mandó en alargarme, a condición, que vuestra merced haga lo que me prometió, en romper lo que mal le pareciere. No había acabado de leerlo después de escrito, cuando vuestra merced envía por él. Puede ser vayan algunas cosas mal declaradas, y otras puestas dos veces; porque ha sido tan poco el tiempo que he tenido, que no podía tornar a ver lo que escribía.

Suplico a vuestra merced lo enmiende, y mande trasladar, si se ha de llevar al padre maestro Ávila; porque podría conocer alguno la letra. Yo deseo harto se dé orden como lo vea; pues con ese intento lo comencé a escribir: porque como a él le parezca voy por buen camino, quedaré muy consolada, que no me queda más para hacer lo que es en mí.

En todo haga vuestra merced como le pareciere: y vea está obligado a quien ansí le fía su alma. La de vuestra merced encomendaré yo toda mi vida al Señor: por eso, dese priesa a servir a su majestad, para hacerme a mí merced, pues verá vuestra merced por lo que aquí va, cuán bien se emplea en darse todo (como vuestra merced lo ha comenzado) a quien tan sin tasa se nos da. Sea bendito por siempre, que yo espero en su misericordia nos veremos a donde más claramente vuestra merced y yo veamos las grandes, que ha hecho con nosotros, y para siempre jamás le alabemos.

Indigna sierva y súbdita, de vuestra merced.

Teresa de Jesús.

Carta XVI. Al reverendo padre maestro fray Domingo Ibáñez, de la Orden de santo Domingo, confesor de la santa

Jesús

La gracia del Espíritu Santo sea con vuestra merced y con mi alma. No hay que espantar de cosa que se haga por amor de Dios, pues puede tanto el de fray Domingo, que lo que le parece bien, me parece, y lo que quiere, quiero; y no sé en qué ha de parar este encantamiento.

La su Parda nos ha contentado. Ella está tan fuera de sí de contento, después que entró, que nos hace alabar a Dios.

Creo no he de tener corazón para que sea freila, viendo lo que vuestra merced ha puesto en su remedio; y ansí estoy determinada a que la muestren a leer, y conforme a como le fuere, haremos.

Bien ha entendido mi espíritu el suyo, aunque no la he hablado: y monja ha habido, que no se puede valer, desde que entró, de la mucha oración que le ha causado. Crea, padre mío, que es un deleite para mí cada vez que tomo alguna, que no trae nada, sino que se toma solo por Dios; y ver que no tienen con qué, y lo habían de dejar por no poder más: veo que me hace Dios particular merced, en que no sea yo medio para su remedio. Si pudiese fuesen todas ansí, me sería gran alegría; mas ninguna me acuerdo contentarme, que la haya dejado por no tener.

Hame sido particular contento, ver cómo le hace Dios a vuestra merced tan grandes mercedes, que le emplee en semejantes obras, y ver venir a ésta. Hecho está, padre, de los que poco pueden: y la caridad, que el Señor le da para esto, me tiene tan alegre, que cualquier cosa haré por ayudarle en semejantes obras, si puedo. Pues el llanto de la que traía consigo, que no pensé que acabara. ¿No sé para qué me la envió acá?

Ya el padre visitador ha dado licencia, y es principio para dar más con el favor de Dios: y quizá podré tomar ese lloraduelos, si a vuestra merced le contenta, que para Segovia demasiado tengo.

Buen padre ha tenido la Parda en vuestra merced. Dice, que aún no cree, que está acá. Es para alabar a Dios su contento. Yo le he alabado de ver acá su sobrinito de vuestra merced que venía con doña Beatriz: y me holgué harto de verle. ¿Por qué no me lo dijo?

También me hace al caso haber estado esta hermana con aquella mi amiga santa. Su hermana me escribe, y envía a ofrecer mucho. Yo le digo, que me ha enternecido. Harto más me parece la quiero, que cuando era viva. Ya sabrá, que tuvo un voto para prior en san Esteban: todos los demás el prior; que me ha hecho devoción verlos tan conformes.

Ayer estuve con un padre de su Orden, que llaman fray Melchor Cano. Yo le dije, que a haber muchos espíritus como el suyo en la Orden, que pueden hacer los monasterios de contemplativos.

A Ávila he escrito, para que los que le querían hacer no se entibien, si acá no hay recaudo, que deseo mucho se comience. ¿Por qué no me dice lo que ha hecho? Dios le haga tan santo como deseo. Gana tengo de hablarle algún día en esos miedos que trae, que no hace sino perder tiempo: y de poco humilde, no me quiere creer. Mejor lo hace el padre fray Melchor, que digo, que de una vez que le hablé en Ávila, dice le hizo provecho; y que no le parece hay hora, que no me trae delante. ¡Oh qué espíritu, y qué alma tiene Dios allí! En gran manera me he consolado. No parece, que tengo más que hacer, que contarle espíritus ajenos. Quede con Dios; y pídale, que me le dé a mí, para no salir en cosa de su voluntad. Es domingo en la noche.

De vuestra merced hija y sierva.

Teresa de Jesús.

Carta XVII. Al muy reverendo padre prior de la Cartuja de las Cuevas de Sevilla

Jesús

La gracia del Espíritu Santo sea con vuestra paternidad. Padre mío, ¡qué le parece a vuestra paternidad de la manera que anda aquella casa del glorioso san José! ¿Y cuáles han tratado, y tratan a aquellas sus hijas, sobre lo que ha muchísimo tiempo, que padecen trabajos espirituales, y desconsuelos con quien las había de consolar? Páreceme, que si mucho los han pedido a Dios, que les luce. Sea Dios bendito.

Por cierto, que por las que están allá, que fueron conmigo, yo tengo bien poca pena, y algunas veces alegría, de ver lo mucho que han de ganar en esta guerra, que les hace el demonio. Por las que han entrado ahí, la tengo; que cuando habían de ejercitarse en ganar quietud, y deprender las cosas de la Orden, se les vaya todo en desasosiegos; que como a almas nuevas, les puede hacer mucho daño. El Señor lo remedie. Yo digo a vuestra paternidad, que ha hartos días, que anda el demonio por turbarlas. Yo había escrito a la priora comunicase con vuestra paternidad todos sus trabajos. No debe de haber osado hacerlo. Harto gran consuelo fuera para mí poder yo hablar a vuestra paternidad claro; mas como es por papel, no oso: y si no fuera mensajero tan cierto, aun esto no dijera.

Este mozo vino a rogarme, si conocía en ese lugar quien le pudiese dar algún favor con abonarle, para que entrase a servir; porque por ser esta tierra fría, y hacerle mucho daño, no puede estar en ella, aunque es natural de aquí. A quien ha servido, que es un canónigo de aquí, amigo mío, me asegura, que es virtuoso, y fiel. Tiene buena pluma de escribir, y contar. Suplico a vuestra paternidad por amor de Dios, si se ofreciere cómo le acomodar, me haga esta merced, y servicio a su majestad; y en abonarle destas cosas que he dicho, si fuere menester, que de quien yo las sé, no me dirá sino es toda verdad.

Holgueme cuando me habló, por poderme consolar con vuestra paternidad, y suplicarle dé orden, como la priora pasada lea esta carta mía, con las que son de por acá, que ya sabrá vuestra paternidad cómo la han quitado el oficio, y puesto una de las que han entrado ahí, y otras muchas persecuciones que han pasado, hasta hacerlas dar las cartas que yo las he escrito, que están ya en poder del nuncio.

Las pobres han estado bien faltas de quien las aconseje; que los letrados de acá están espantados de las cosas que les han hecho hacer, con miedo de descomuniones. Yo le tengo de que han encargado harto sus almas (debe ser sin entenderse) porque cosas venían en el proceso de sus dichos, que son grandísima falsedad; porque estaba yo presente, y nunca tal pasó. Mas no me espanto las hiciese desatinar; porque hubo monja, que la tenían seis horas en escrutinio; y alguna de poco entendimiento firmaría todo lo que ellos quisiesen. Hanos acá aprovechado, para mirar lo que firmamos; y ansí no ha habido qué decir.

De todas maneras nos ha apretado nuestro Señor año y medio; mas yo estoy confiadísima, que ha de tornar nuestro Señor por sus siervos, y siervas; y que se han de venir a descubrir las marañas, que ha puesto el demonio en esa casa. Y el glorioso san José ha de sacar en limpio la verdad, y lo que son esas monjas que de acá fueron: que las de allá no las conozco; mas sé que son más creídas de quien las trata, que ha sido un gran daño para muchas cosas.

Suplico a vuestra paternidad por amor de Dios no las desampare, y las ayude con sus oraciones en esta tribulación, porque a solo Dios tienen; y en la tierra no a ninguno con quien se puedan consolar. Mas su majestad, que las conoce, las amparará, y dará a vuestra paternidad caridad, para que haga lo mismo.

Esa carta envió abierta, porque si las tienen puesto precepto, que den las que recibieren mías al provincial, dé vuestra paternidad orden como se la lea alguna persona, que podrá ser darles algún alivio ver letra mía.

Piénsase las querría echar del monasterio el provincial. Las novicias se querían venir con ellas. Lo que entiendo, es, que el demonio no puede sufrir haya Descalzos, ni Descalzas, y ansí les da tal guerra; mas yo fío del Señor, le aprovechará poco.

Mire vuestra paternidad que ha sido el todo para conservarlas ahí. Ahora que es la mayor necesidad, ayude vuestra paternidad al glorioso san José. Plegue a la divina majestad guarde a vuestra paternidad para amparo de las pobres (que ya sé la merced que ha hecho vuestra paternidad a esos padres Descalzos) muy muchos años, con el aumento de santidad, que yo siempre le suplico. Amén. Es hoy postrero de enero.

Si vuestra paternidad no se cansa, bien puede leer esa carta que va para las hermanas.

Indigna sierva, y súbdita de vuestra paternidad.

Teresa de Jesús.

Carta XVIII. Al padre Rodrigo Álvarez, de la Compañía de Jesús, confesor de la Santa

Jesús

Son tan dificultosas de decir, y más de manera que se pueden entender estas cosas interiores, cuanto más con brevedad, que si la obediencia no lo hace, sería dicha atinar, en especial en cosas tan dificultosas. Poco va en que desatine; pues va a manos, que otros mayores habrá entendido de mí. En todo lo que dijere suplico a vuestra merced entienda, que no es mi intento pensar es acertado, porque yo podré no entenderlo; mas lo que puedo certificar es, que no diré cosa, que no haya experimentado algunas, y muchas veces. Si es bien, o no vuestra merced lo verá, y me avisará dello.

Paréceme, que será dar a vuestra merced gusto comenzar a tratar del principio de cosas sobrenaturales, que devoción, ternura, lágrimas, y meditación, que acá podemos adquirir con ayuda del Señor, entendidas están.

(Qué es oración sobrenatural.) La primera oración, que sentí, a mi parecer sobrenatural (que llamo yo lo que con industria, ni diligencia no se puede adquirir, aunque mucho se procure; aunque disponerse para ello sí, y debe de hacer mucho al caso), es un recogimiento interior, que se siente en el alma, que parece ella tiene otros sentidos, como acá los exteriores, que ella en sí, parece se quiere apartar del bullicio de estos exteriores: y ansí algunas veces los lleva tras sí, que le da gana de cerrar los ojos, y no oír, ni ver, ni entender, sino aquello en que el alma entonces se ocupa, que es tratar con Dios a solas. Aquí no se pierde ningún sentido, ni potencia, que todo está entero; mas estalo para emplearse en Dios. Y esto a quien lo hubiere dado, será fácil de entender; y a quien no, no; al menos será muchas palabras, y comparaciones.

(Oración de quietud, qué es.) Deste recogimiento viene muchas veces una quietud, y paz interior, que está el alma que no le parece le falta nada; que aun el hablar le cansa, digo el rezar, y meditar; no querría sino amor: dura rato, y aun ratos.

(Sueño de las potencias, en qué consiste.) Desta oración suele proceder un sueño, que llaman de las potencias, que ni están absortas, ni tan suspensas, que se pueda llamar arrobamiento; ni es del todo unión.

(Qué es unión de sola la voluntad.) Alguna vez, y muchas veces entiende el alma, que es unida sola la voluntad, y se entiende muy claro (digo claro, a lo que parece) que está toda empleada en Dios, y que ve el alma la falta de poder estar, ni obrar en otra cosa; y las otras dos potencias están libres para negocios, y obras del servicio de Dios: en fin andan juntas Marta, y María. Yo pregunté al padre Francisco si sería engaño esto. Porque me traía abobada; y me dijo, que muchas veces acaecía.

(Qué es unión de todas las potencias. En esta unión ama la voluntad más que entiende el entendimiento.) Cuando es unión de todas las potencias, es muy diferente; porque en ninguna cosa pueden obrar, porque el entendimiento está como espantado. La voluntad ama más que entiende; mas ni entiende si ama, ni qué hace, de manera que lo pueda decir. La memoria, a mi parecer, que no hay ninguna, ni pensamiento, ni aun por entonces no son los sentidos despiertos, sino como quien los perdió, para más emplear el alma en lo que goza, a mi parecer; porque aquel breve rato se pierde, y pasa presto.

En la riqueza, que queda en el alma de humildad, y otras virtudes, y deseos, se entiende el gran bien que le vino de aquella merced; mas no se puede decir lo que es: porque aunque el alma se dé a entender, no sabe cómo lo entender, ni decirlo. A mi parecer esta (si es verdadera) es la mayor merced de las que nuestro Señor hace en este camino espiritual; al menos de las grandes.

(Qué es arrobamiento, y cómo se distingue de la suspensión.) Arrobamiento, y suspensión, a mi parecer, todo es uno, sino que yo acostumbro a decir suspensión, por no decir arrobamiento, que espanta: y verdaderamente también se puede llamar suspensión esta unión que queda dicha. La diferencia que hace el arrobamiento della, es esta.

Que dura más, y siéntese más en esto exterior, que se va acortando el huelgo, de manera que no se puede hablar, ni los ojos abrir; y aunque esto más se hace en la unión, es acá con mayor fuerza (porque el calor natural se va no sé yo a dónde) que cuando es grande arrobamiento. En todas estas maneras de oración hay más, y menos.

Cuando es grande, como digo, quedan las manos heladas, y algunas veces extendidas como unos palos, y el cuerpo, si le toma en pié, ansí se queda, o de rodillas: es tanto lo que se emplea en el gozo de lo que el señor le representa, que parece se olvida de animar al cuerpo, y lo deja desamparado. Y ansí, si dura, quedan los miembros con sentimiento.

Paréceme que quiere aquí el Señor, que el alma entienda más de lo que goza, que en la unión; y ansí se le descubren algunas cosas de su majestad aquel rato muy ordinariamente: y los efectos con que el alma queda, son grandes: y el olvidarse a sí, por querer que sea conocido, y alabado tan gran Dios, y Señor. Y a mí me parece, que si es Dios, no puede sino quedar un gran conocimiento de que ella allí no puede nada, y de su miseria, e ingratitud de no haber servido a quien por sola su bondad le hace tan grandes mercedes; porque el sentimiento, y suavidad es tan excesivo de todo lo que acá se puede comparar, que si aquella memoria durase, y no se le pasase, siempre habría asco de contentos de acá; y ansí viene a tener todas las cosas del mundo en poco.

(Diferencia entre el arrobamiento, y arrebatamiento.) La diferencia que hay de arrobamiento a arrebatamiento es, que el arrobamiento va poco a poco muriéndose a estas cosas exteriores, perdiendo los sentidos, y viviendo a Dios. El arrebatamiento viene con sola una noticia, que su majestad da en lo íntimo del alma, con una velocidad, que parece que le arrebata lo superior della: a su parecer se le va del cuerpo; y ansí es menester ánimo a los principios, para entregarse en los brazos del Señor, que la lleve donde quisiere. Porque hasta que su majestad la pone en paz a donde quiere llevarla (digo llevarla, que entienda cosas altas) cierto es menester a los principios estar bien determinada a morir por él; porque la pobre alma no sabe qué ha de ser aquello.

A los principios quedan las virtudes, a mi parecer, desto más fuertes; porque déjase más, y dase más a entender el poder deste gran Dios, para temerle, y amarle; pues ansí, sin ser en nuestra mano, arrebata el alma, bien como señor della, y queda con grande arrepentimiento de haberle ofendido, y espanto de cómo osó ofender a tan gran majestad, y grandísima ansia, porque no haya quien le ofenda, sino que todos le alaben. Pienso que deben venir de aquí estos deseos grandísimos de que se salven las almas, y de ser alguna parte para ello, y para que este Dios sea alabado como merece.

(Qué sea vuelo de espíritu.) El vuelo de espíritu, es un no sé cómo le llame, que sube de lo más íntimo del alma: sola esta comparación se me acuerda, que puse a donde vuestra merced sabe, que están largamente declaradas todas estas maneras de oración, y otras; y es tal mi memoria, que luego se me olvida. Paréceme que el alma, y el espíritu deben ser una cosa: sino que como un fuego, si es grande, y ha estado dispuesto para arder; ansí el alma de la disposición que tiene con Dios, como el fuego, ya de que presto arde, echa una llama, y sube a lo alto, aunque este fuego es como lo que está en lo bajo, y no porque esta llama suba deja de quedar fuego: ansí le acaece al alma, que parece que produce de sí una cosa tan de presto, y tan delicado, que sube a la parte superior: va a donde el Señor quiere; que no se puede declarar más que esto. Y verdaderamente parece vuelo, que yo no sé otra comparación más propia: sé que se entiende muy claro, y que no se puede estorbar.

Parece que aquella avecita del espíritu se escapó de la miseria desta carne, y cárcel deste cuerpo, y desocupada dél puede más emplearse en lo que la da el Señor. Es cosa tan delicada, y sutil, y tan preciosa, a lo que entiende el alma, que no le parece hay en ello ilusión, ni aun en ninguna cosa destas. Cuando pasa, después quedan los temores, por ser tan ruin quien lo recibe, que todo le parecía habría razón de temer, aunque en lo interior del alma quedaba certidumbre, y seguridad, con que se podía vivir; mas no para dejar de poner diligencia, para no ser engañada.

(Qué sea ímpetu de espíritu.) Ímpetus llamo yo un deseo que da al alma algunas veces, sin haber precedido antes oración, y aun lo más contino una memoria, que viene de presto, de que está ausente Dios; u de alguna palabra que oye, que vaya a esto. Es tan poderosa esta memoria, y de tanta fuerza algunas veces, que en un instante parece que desatina: como cuando se da a una persona unas nuevas de presto, que no sabía, muy penosas, o un gran sobresalto, o cosa ansí, que parece quita el discurso al pensamiento para consolarle, sino que se queda como absorta. Ansí es acá, salvo que la pena es por tal causa, que queda al alma un conocer, que es bien empleado un morir por ella. Ello es que parece que todo cuanto el alma entiende entonces, es para más pena, y que no quiere el Señor, que todo su ser le aproveche de otra cosa, ni que pueda tener consuelo, ni aun acordarse que es voluntad suya que viva, sino parécele que está en una tan grande soledad, y desamparo de todo, que no se puede escribir; porque todo el mundo, y las cosas dél le dan pena, y ninguna cosa criada le parece le hará compañía.

No quiere el alma sino al Criador; y esto velo imposible, si no muere: y como ella no se puede matar, muere por morir. De tal manera, que verdaderamente es peligro de muerte: y vese como colgada entre el cielo, y la tierra, y no sabe qué hacer de sí. Y de poco en poco dale Dios una noticia de sí, para que vea lo que pierde, de una manera tan extraña, que no se puede decir, ni esta pena encarecer; porque ninguna hay en la tierra, al menos de cuantas yo he pasado, que le iguale. Baste, que de media hora que dure, deja tan descoyuntado el cuerpo, y tan abiertas las canillas, que aún no quedan las manos para poder escribir, y con grandísimos dolores.

Desto ninguna cosa siente, hasta que se pasa aquel ímpetu. Harto tiene que hacer en sentirlo interiormente, ni creo sentiría graves tormentos; y está con todos sus sentidos, y puede hablar, y mirar: andar no, que la derrueca el gran golpe del amor. Esto aunque se muera por tenerlo, si no es cuando lo da Dios, no aprovecha. Deja grandísimos efectos, y ganancia en el alma. Unos letrados dicen uno, otros otro: nadie lo condena. El padre maestro Ávila me escribió, que era bueno; y ansí lo dicen todos: el alma bien entiende que es grande merced del Señor: a ser a menudo, poco duraría la vida.

El ordinario ímpetu es, que viene este deseo de ver a Dios una gran ternura, y lágrimas por salir deste destierro; mas como hay libertad para considerar el alma, que es la voluntad del Señor que viva, con eso se consuela; y le ofrece el vivir, suplicándole, que no sea para sí, sino para su gloria: con esto pasa.

(Herida de amor.) Otra manera harto ordinaria de oración es una manera de herida, que parece al alma verdaderamente como si una saeta la metiesen por el corazón, o por ella misma. Ansí causa un dolor grande, que hace quejar, y tan sabroso, que nunca querría le faltase. Este dolor no es en el sentido, ni tampoco se ha de entender que es llaga material, que no hay memoria deso, sino en lo interior del alma, sin que parezca dolor corporal; sino que como no se puede dar a entender, sino por comparaciones, pónense estas groserías, que para lo que ello es lo son; mas no sé decirlo de otra suerte. Por eso no son estas cosas para decir, ni escribir; porque es imposible entenderlo, sino quien lo ha experimentado, digo a donde llega esta pena; porque las penas del espíritu son diferentísimas de las de acá. Por aquí saco yo cómo padecen más las almas en el infierno, y purgatorio, que acá se puede entender por estas penas corporales.

Otras veces parece que esta herida del amor saca de lo íntimo del alma los afectos grandes; y cuando el Señor no la da, no hay remedio, aunque más se procure: ni tampoco dejarlo de tener, cuando él es servido de darlo. Son como unos deseos de Dios tan vivos, y delgados, que no se pueden decir; y como el alma se ve atada para no gozar como querría de Dios, dale un aborrecimiento grande con el cuerpo. Parécele como una gran pared, que la estorba para que no goce su alma de lo que entiende entonces a su parecer que goza en sí, sin embarazo del cuerpo. Entonces ve el gran mal que nos vino por el pecado de Adán en quitar esta libertad.

Esta oración antes de los arrobamientos, y los ímpetus grandes que dije se tuvo, olvideme de decir, que casi siempre no se quitan aquellos ímpetus grandes, sino es con un arrobamiento, y regalo grande del Señor, a donde consuela el alma, y la anima, para vivir por él.

Todo esto que está dicho no puede ser antojo, por algunas causas, que sería largo de decir: si es bueno, o no, el Señor lo sabe. Los efectos, y cómo deja aprovechada el alma, no se puede dejar de entender a todo mi parecer.

Las personas veo tan claro ser distintas, como vi ayer, cuando hablaba a vuestra merced y al padre provincial, salvo que ni veo nada, ni oigo, como ya a vuestra merced he dicho; mas es una certidumbre extraña, aunque no ven los ojos del alma, y en faltando aquella presencia, sabe que falta: el cómo, yo no lo sé; mas muy bien sé, que no es imaginación: porque aunque después yo me deshaga para tornarlo a representar ansí, no puedo, que harto lo he probado; y ansí es todo lo demás que aquí va, a cuanto yo puedo entender, que como ha tantos años, hase podido ver, para decirlo con esta determinación. Verdad es (y advierta vuestra merced en esto), que la persona que habla siempre, bien puedo afirmar lo que me parece que es: las demás no podría afirmarlo. La una bien sé que nunca ha sido: la causa jamás la he entendido, ni yo me ocupo jamás en pedir más de lo que el Señor quiere; porque luego me parece me habría de engañar el demonio: ni tampoco le pediré ahora, que había temor dello.

La principal paréceme que alguna vez ha sido; mas como ahora no me acuerdo muy bien, ni lo que era, no lo osaré afirmar. Todo está escrito a donde vuestra merced sabe, y esto muy largamente; y aquí va, aunque no debe de ser por estas palabras. Aunque se dan a entender estas personas distintas por una manera tan extraña, entiende el alma ser un solo Dios. No me acuerdo haberme parecido que habla nuestro Señor, sino es la humanidad: ya digo, esto puedo afirmar que no es antojo.

Lo que dice vuestra merced del agua, yo no lo sé, ni tampoco he entendido a dónde está el Paraíso terrenal. Ya he dicho, que lo que el Señor me da a entender, que yo no puedo escusar, entiéndolo porque no puedo más; mas pedir yo a su majestad que me dé a entender alguna cosa, jamás lo he hecho, ni osaría hacerlo: luego me parecería que yo lo imaginaba, y que me había de engañar el demonio. Ni jamás, gloria a Dios, fui curiosa en desear saber cosas; si se me da nada, digo de saber más: harto trabajo me ha costado lo que sin querer, como digo, he entendido, aunque pienso ha sido medio que tomó el Señor para mi salvación, como me vio tan demasiada de ruin, que los buenos no han menester tanto para servir a su majestad.

(Presencia de Dios habitual.) Otra oración me acuerdo, que es primero que la primera que dije, que es una presencia de Dios, que no es visión de ninguna manera, sino que cada, y cuando (al menos cuando no hay sequedad) de que una persona se quiere encomendar a su majestad, aunque sea re-

zar vocalmente, le halla. Plegue a él que no pierda yo tantas mercedes por mi culpa, y que haya misericordia de mí.
Indigna sierva, y súbdita de vuestra merced.
Teresa de Jesús.

Carta XIX. Al mismo padre Rodrigo Álvarez, de la Compañía de Jesús

Jesús

Esta monja ha cuarenta años, que tomó el hábito, y desde el primero comenzó a pensar en la Pasión de Cristo nuestro Señor por los misterios algunos ratos del día, y en sus pecados, sin nunca pensar en cosa que fuese sobrenatural, sino en las criaturas, o cosas de que sacaba, cuan presto se acaba todo; en mirar por las criaturas, la grandeza de Dios, y el amor que nos tiene.

Este le hacía mucha más gana de servirle; que por el temor nunca fue, ni le hacía al caso. Siempre con gran deseo de que fuese alabado, y su Iglesia aumentada. Por esto era cuanto rezaba, sin hacer nada por sí; que le parecía, que iba poco en que padeciese, aunque fuese en muy poquito.

En esto pasó como veintidós años en grandes sequedades, y jamás le pasó por pensamiento desear más; porque se tenía por tal, que aun pensar en Dios le parecía no merecía, sino que le hacía su majestad mucha merced en dejarla estar delante dél rezando, leyendo también en buenos libros.

Habrá como dieciocho años, cuando se comenzó a tratar del primero monasterio que fundó de Descalzas, que fue en Ávila, tres años, o dos antes (creo que son tres) que comenzó a parecerle, que le hablaban interiormente algunas veces, y a ver algunas visiones, y revelaciones, interiormente en los ojos del alma (que jamás vio cosa con los ojos corporales, ni la oyó: dos veces le parece oyó hablar, mas no entendía ninguna cosa). Era una representación, cuando estas cosas veía interiormente, que no duraban sino como un relámpago lo más ordinario; mas quedábasele tan imprimido, y con tantos efectos, como si lo viera con los ojos corporales, y más.

Ella era entonces tan temerosísima de su natural, que aun de día no osaba estar sola algunas veces. Y como aunque más lo procuraba, no podía escusar esto, andaba afligidísima, temiendo no fuese engaño del demonio; y comenzolo a tratar con personas espirituales de la Compañía de Jesús.

Entre los cuales fueron el padre Araoz, que era comisario de la Compañía, que acertó a ir allí; y al padre Francisco, que fue el duque de Gandía, trató dos veces; y a un provincial, que está ahora en Roma, llamado Gil González; y aun al que ahora lo es en Castilla, aunque a este no trató tanto; al padre Baltasar Álvarez, que es ahora rector en Salamanca, y la confesó seis años en este tiempo; y al rector que es ahora de Cuenca, llamado Salazar; y al de Segovia, llamado Santander; al rector de Burgos, llamado Ripalda; y aun éste lo hacía harto mal con ella, de que había oído estas cosas, hasta después que la trató: al Dr. Paulo Hernández en Toledo, que era consultor de la Inquisición; al rector, que era de Salamanca, cuando le hablé; al Dr. Gutiérrez, y otros padres algunos de la Compañía, que se entendía ser espirituales, como estaban en los lugares, que iba a fundar, los procuraba.

Al padre fray Pedro de Alcántara, que era un santo varón de los Descalzos de san Francisco, trató mucho, y fue el que muy mucho puso en que se entendiese era buen espíritu. Estuvieron más de seis años haciendo hartas pruebas, como más largamente tiene escrito, como adelante se dirá: y ella con hartas lágrimas, y aflicciones, mientras más pruebas se hacían, más tenía suspensiones, y arrobamientos hartas veces, aunque no sin sentido.

Hacíanse hartas oraciones, y decíanse hartas misas, porque el Señor la llevase por otro camino; porque su temor era grandísimo, cuando no estaba en la oración, aunque en todas las cosas que tocaban a estar su alma mucho más aprovechada, se veía gran diferencia, y ninguna vanagloria, ni tentación della, ni de soberbia; antes se afrentaba mucho, se corría de ver que se entendía: y aun si no eran confesores, o persona que le había de dar luz, jamás trataba nada; y a éstos sentía más decirlo, que si fueran graves pecados; porque le parecía se habían de burlar della, y que eran cosas de mujercillas, que siempre las había aborrecido oír.

Habrá como trece años, poco más, o menos (después de fundado san José, a donde ella ya se había pasado del otro monasterio), que fue allí el obispo, que es ahora de Salamanca, que era inquisidor, no sé si en Toledo, y lo había sido en Sevilla, que se llamaba Soto. Ella procuró de hablarle para asegurarse más. Diole cuenta de todo. Él le dijo, que no era cosa que tocaba a su oficio; porque todo lo que veía ella, y entendía, siempre la afirmaba más en la fe católica, que siempre estuvo, y está firme, con grandísimos deseos de la honra de Dios, y bien de las almas, que por una se dejará matar muchas veces.

Díjole, como la vio tan fatigada, que lo escribiese todo, y toda su vida, sin dejar nada, al maestro Ávila, que era hombre que entendía mucho de oración, y que con lo que escribiese, se sosegase. Ella lo hizo ansí, y escribió sus pecados, y vida. Él la escribió, y consoló, asegurándola mucho. Fue de suerte esta relación, que todos los letrados, que la habían visto, que eran mis confesores, decían, que era de gran provecho para aviso de cosas espirituales; y mandáronla, que la trasladase, y hiciese otro librillo para sus hijas (que era priora) a donde les diese algunos avisos.

Con todo esto a tiempos no le faltaban temores, pareciéndole, que personas espirituales también podían estar engañadas, como ella. Dijo a su confesor, que si quería tratase algunos grandes letrados, aunque no fuesen muy dados a la oración; porque ella no quería sino saber, si era conforme a la sagrada Escritura lo que tenía. Algunas veces se consolaba, pareciéndole, que aunque por sus pecados merecía ser engañada, que a tantos buenos, como deseaban darla luz, que no permitiría el Señor se engañasen.

Con este intento comenzó a tratar con padres de la Orden del glorioso padre santo Domingo, con quien antes destas cosas se había confesado: no dice con estos, sino con esta Orden. Son estos los que después ha tratado. El padre fray Vicente Barrón la confesó año y medio en Toledo, que era consultor entonces del santo Oficio, y antes destas cosas la había tratado muchos años. Era gran letrado. Este la aseguró mucho, y también los de la Compañía, que ha dicho. Todos la decían, que, si no ofendía a Dios, y si se conocía por ruin, ¿de qué temía?

Con el padre fray Pedro Ibáñez, que era lector en Ávila. Con el padre maestro fray Domingo Báñez, que ahora está en Valladolid por regente en el colegio de san Gregorio, me confesé seis años, y siempre trataba con él por cartas, cuando algo se le ha ofrecido. Con el maestro Chaves. Con el P. M. fray Bartolomé de Medina, catedrático de Salamanca, que sabía que estaba muy mal con ella; porque había oído decir estas cosas, y pareciole, que éste le diría mejor, si iba engañada, que ninguno, por tener tan poco crédito. Esto ha poco más de dos años. Procuró confesarse con él, y diole gran relación de todo el tiempo que allí estuvo, y vio lo que había escrito, para que mejor lo entendiese. Él la aseguró tanto, y más que todos, y quedó muy su amigo.

También se confesó algún tiempo con fray Felipe de Meneses, cuando fundó en Valladolid, que era el rector de aquel colegio de san Gregorio; y antes había ido a Ávila (habiendo oído estas cosas) a hablarla, con harta caridad, queriendo saber si iba engañada para darme luz; y si no para tornar por ella, cuando oyese murmurar, y se satisfizo mucho.

También trató particularmente con un provincial de santo Domingo, llamado Salinas, hombre espiritual mucho; y con otro presentado, llamado Lunar, que era prior en santo Tomás de Ávila: en Segovia con un lector, llamado fray Diego de Yangües.

Entre estos padres de santo Domingo, no dejaban algunos de tener harta oración, y aun quizá todos. Y otros algunos también ha tratado, que en tantos años, y con temor ha habido lugar para ello, especial como andaba en tantas partes a fundar. Hanse hecho hartas pruebas, porque todos deseaban acertar a darla luz; por donde la han asegurado, y se han asegurado. Siempre estaba sujeta a lo que la mandaban; y ansí se afligía, cuando en estas cosas sobrenaturales no podía obedecer. Y su oración, y la de las monjas que ha fundado, siempre es con gran cuidado, por el aumento de la fe; y por esto comenzó el primer monasterio, junto con el bien de su Orden.

Decía ella, que cuando algunas cosas destas la indujeran contra lo que es fe católica, y ley de Dios, que no hubiera menester andar a buscar letrados, ni hacer pruebas, que luego viera que era demonio. Jamás hizo cosa por lo que entendía en la oración; antes cuando le decían sus confesores que hiciese lo contrario, lo hacía sin ninguna pesadumbre, y siempre les daba parte de todo. Nunca creyó tan determinadamente que era Dios (con cuanto le decían que sí) que lo jurara, aunque por los efectos, y las grandes mercedes que le ha hecho en algunas cosas le parecía buen espíritu; mas siempre deseaba virtudes, más que nada: y esto ha puesto a sus monjas, diciéndoles, que lo más humilde, y mortificado, sería lo más espiritual.

Lo que está dicho que escribió, dio al padre maestro fray Domingo Báñez, que es el que está en Valladolid, que es con quien más tiempo ha tratado, y trata. Él los ha presentado al santo Oficio en Madrid, a lo que se ha dicho. En todo ello se sujeta a la fe católica, e Iglesia romana. Ninguno le ha puesto culpa: porque estas cosas no están en mano de nadie, y nuestro Señor no pide lo imposible.

La causa de haberse divulgado tanto es, que como andaba con temor, y ha comunicado a tantos, unos lo decían a otros; y también un desmán, que acaeció con esto que había escrito. Hale sido grandísimo tormento, y cruz, y le cuesta muchas lágrimas: dice ella, que no por humildad, sino por lo que queda dicho. Parecía permisión del Señor para atormentarla; porque mientras uno decía más mal de lo que los otros habían dicho, dende a poco decía más bien.

Tenía extremo de no se sujetar a quien le parecía, que creía era todo de Dios; porque luego temía los había de engañar a entrambos el demonio. A quien veía temeroso, trataba su alma de mejor gana; aunque también le daba pena, cuando por probarla del todo despreciaban estas cosas: porque le parecían algunas muy de Dios; y no quisiera, que pues veían causa, las condenaran tan determinadamente; tampoco como si creyeran, que todo era de Dios. Y porque entendía ella muy bien, que podía haber engaño, por esto jamás le pareció bien asegurarse del todo en lo que podía haber peligro.

Procuraba lo más que podía en ninguna manera ofender a Dios, y siempre obedecía: y con estas dos cosas se pensaba librar, con el favor de Dios, aunque fuese demonio.

Desde que tuvo cosas sobrenaturales, siempre se inclinaba su espíritu a buscar lo más perfecto; y casi ordinario tenía gran deseo de padecer. Y en las persecuciones (que ha tenido hartas) se hallaba consolada, y con amor particular a quien la perseguía; y gran deseo de pobreza, y soledad de salir deste destierro, por ver a Dios. Por estos efectos, y otros semejantes, se comenzó a sosegar, pareciéndole, que espíritu que la dejaba con estas virtudes, no sería malo; y ansí lo decían los que la trataban, aunque para dejar de temer no, sino para no andar tan fatigada.

Jamás su espíritu le persuadía a que encubriese nada, sino que obedeciese siempre. Nunca con los ojos del cuerpo vio nada, como está dicho; sino con una delicadeza, y cosa tan intelectual, que algunas veces pensaba a los principios, si se le había antojado: otras no lo podía pensar. Estas cosas no eran continas, sino por la mayor parte en alguna necesidad, como fue una vez, que había estado unos días con unos tormentos interiores incomportables, y un desasosiego en el alma de temor, si la traía engañada el demonio, como muy largamente está en aquella relación (que tan públicos han sido sus pecados, que están allí como lo demás) porque el miedo que traía, le ha hecho olvidar su crédito.

Estando ansí con esta aflicción, tal que no se puede encarecer, con solo entender estas palabras en lo interior: Yo soy, no hayas miedo; quedaba el alma tan quieta, y animosa, y confiada, que no podía entender de dónde le había venido tan gran bien: pues no había bastado confesor, ni bastaran muchos letrados con muchas palabras, para ponerle aquella paz, y quietud, que con una se le había puesto. Y ansí otras veces, que con alguna visión quedaba fortalecida; porque a no ser esto, no pudiera haber pasado tan grandes trabajos, y contradicciones, junto con enfermedades, que han sido sin cuento, y pasa, aunque no tantas; porque jamás anda sin algún género de padecer. Hay más, y menos: lo ordinario es siempre dolores, con otras hartas enfermedades, aunque después que es monja la apretaron más, si en algo sirve al Señor. Y las mercedes que le hace, pasan de presto por su memoria, aunque de las mercedes muchas veces se acuerda; mas no se puede detener allí mucho, como en los pecados; que siempre están atormentándola lo más ordinario, como un cieno de mal olor.

El haber tenido tantos pecados, y el haber servido a Dios tan poco, debe ser la causa de no ser tentada de vanagloria. Jamás con cosa de su espíritu tuvo cosa que no fuese toda limpia, y casta; ni se parece (si es buen espíritu, y tiene cosas sobrenaturales) se podría tener; porque queda todo descuido de su cuerpo, ni hay memoria dél: toda se emplea en Dios.

También tiene un gran temor de no ofender a Dios nuestro Señor, y hacer en todo su voluntad: esto le suplica siempre. Y a su parecer está tan determinada a no salir della, que no la dirían cosa, en que pensase servir más al Señor los confesores que la tratan, que no lo hiciese, ni lo dejase de poner por obra, con el favor del Señor. Y confiada en que su majestad ayuda a los que se determinan por su servicio, y gloria, no se acuerda más de sí, y de su provecho, en comparación desto, que si no fuese: en cuanto puede entender de sí, y entienden sus confesores.

Es todo gran verdad lo que va en este papel, y se puede probar con ellos, y con todas las personas que la tratan de veinte años a esta parte. Muy de ordinario la movía su espíritu a alabanzas de Dios, y querría que todo el mundo entendiese esto, y aunque a ella le costase muy mucho. De aquí le viene el deseo del bien de las almas: y de ver, cuán basura son las cosas deste mundo, y cuán preciosas las interiores, que no tienen comparación, ha venido a tener en poco las cosas dél.

La manera de visión, que vuestra merced quiere saber es, que no se ve ninguna cosa, interior, ni exteriormente, porque no es imaginaria. Mas sin verse nada entiende el alma lo que es, y hacia donde se representa, más claramente que si volviese. Salvo, que no se representa cosa particular; sino como si una persona sintiese, que esta otra cabe ella, y porque estuviese a escuras no la ve, mas cierto entiende que está allí. Salvo, que no es comparación esta bastante; porque el que está a escuras, por alguna vía, oyendo ruido, va viendo la vista, antes que entienda que esta allí, o la conoce de antes. Acá no hay nada deso, sino que sin palabras exteriores, ni interiores, entiende el alma clarísimamente quién es, hacia qué parte está, y a las veces lo que quiere significar. Por donde, o cómo lo entiende, ella no lo sabe; mas ello pasa ansí: y lo que dura, no puede imaginarlo. Y cuando se quita, aunque más quiera imaginarlo como antes, no aprovecha; porque sabe que es imaginación, y no representación: que esto no está en su mano; ansí son todas las cosas sobrenaturales. Y de aquí viene no tenerse en nada a quien Dios hace estas mercedes, sino muy mayor humildad que antes; porque ve, que es cosa dada, y que ella allí no puede quitar, ni poner. Y queda más amor, y deseo de servir a Señor tan poderoso, que puede lo que acá no podemos aún entender. Como aunque más letras tengan, hay letras que no se alcanzan. Sea bendito el que lo da. Amén, para siempre jamás.

Carta XX. Al muy reverendo padre provincial de la
      Compañía de Jesús de la provincia de Castilla
Jesús
    La gracia del Espíritu Santo sea siempre con vuestra paternidad. Amén. Una carta de vuestra paternidad me dio el padre rector, que cierto a mí me ha espantado mucho, por decirme vuestra paternidad en ella, que yo he tratado, que el padre Gaspar de Salazar deje la Compañía de Jesús, y

se pase a nuestra Orden del Carmen; porque nuestro Señor ansí lo quiere, y lo ha revelado.

Cuanto a lo primero, sabe su majestad, que esto se hallará por verdad, que nunca lo deseé, cuanto más procurarlo con él. Y cuando vino alguna cosa desas a mi noticia, que no fue por carta suya, me alteré tanto, y dio tan grande pena, que ningún provecho me hizo para la poca salud, que a la sazón tenía; y esto ha tan poco, que debí de saberlo harto después que vuestra paternidad, a lo que pienso.

Cuanto a la revelación, que vuestra paternidad dice, pues no había escrito, ni sabido cosa desa determinación, tampoco sabría si él había tenido revelación en el caso.

Cuando yo tuviera la desvelación, que vuestra paternidad dice, no soy tan liviana, que por cosa semejante había de querer hiciese mudanza tan grande, ni darle parte dello; porque gloria a Dios de muchas personas estoy enseñada del valor, y crédito que se ha de dar a esas cosas: y no creo yo, que el padre Salazar hiciera caso deso, si no hubiera más en el negocio; porque es muy cuerdo.

En lo que dice vuestra paternidad, que lo averigüen los perlados, será muy acertado, y vuestra paternidad se lo puede mandar; porque es muy claro, que no hará él cosa sin licencia de vuestra paternidad, a cuanto yo pienso, dándole noticia dello. La mucha amistad que hay entre el padre Salazar, y mí, y la merced que me hace, yo no la negaré jamás; aunque tengo por cierto, le ha movido más a la que me ha hecho el servicio de nuestro Señor, y su bendita Madre, que no otra amistad; porque bien creo ha acaecido en dos años no ver carta el uno del otro. De ser muy antigua, se entenderá, que en otros tiempos me he visto con más necesidad de ayuda; porque tenía esta Orden solos dos padres Descalzos, y mejor procurara esta mudanza que ahora: que gloria a Dios hay, a lo que pienso, más de doscientos, y entre ellos personas bastantes para nuestra pobre manera de proceder. Jamás he pensado, que la mano de Dios estará más abreviada para la Orden de su Madre, que para las otras.

A lo que vuestra paternidad dice, que yo he escrito, para que se diga que lo estorbaba, no me escriba Dios en su libro, si tal me pasó por pensamiento. Súfrase este encarecimiento, a mi parecer, para que vuestra paternidad entienda, que no trato con la Compañía, sino como quien tiene sus cosas en el alma, y pondría la vida por ellas, cuando entendiese no desirviese a nuestro Señor en hacer lo contrario. Sus secretos son grandes: y como yo no he tenido más parte en este negocio de la que he dicho, y desto es Dios testigo, tampoco la querría tener en lo que está por venir. Si se me echare la culpa, no es la primera vez que padezco sin ella; mas experiencia tengo, que cuando nuestro Señor está satisfecho, todo lo allana. Y jamás creeré, que por cosas muy graves permita su majestad, que su Compañía vaya contra la Orden de su Madre, pues la tomó por medio para repararla, y renovarla, cuanto más por cosa tan leve. Y si lo permitiere, temo que será posible, lo que se piensa ganar por una parte perderse por otras.

Deste Rey somos todos vasallos. Plegue a su majestad, que los del Hijo, y de la Madre sean tales, que como soldados esforzados solo miremos a donde va la bandera de nuestro Rey, para seguir su voluntad: que si esto hacemos con verdad los Carmelitas, está claro, que no se pueden apartar los del nombre de Jesús, de que tantas veces soy amenazada. Plegue a Dios guarde a vuestra paternidad muchos años.

Ya sé la merced que siempre nos hace, y aunque miserable, lo encomiendo mucho a nuestro Señor: y a vuestra paternidad suplico haga lo mismo por mí, que medio año ha que no dejan de llover trabajos, y persecuciones sobre esta pobre vieja; y ahora este negocio no le tengo por el menor. Con

todo doy a vuestra paternidad palabra de no se la decir, para que lo haga, ni a persona que se la diga de mi parte, ni se la he dicho. Es hoy 10 de febrero.
Indigna sierva, y súbdita de vuestra paternidad.
Teresa de Jesús.

Carta XXI. Al padre Gonzalo de Ávila, de la Compañía de Jesús. Confesor de la Santa
Jesús sea con vuestra merced. Días ha que no me he mortificado tanto como hoy con letra de vuestra merced. Porque no soy tan humilde, que quiera ser tenida por tan soberbia; ni ha de querer vuestra merced mostrar su humildad tan a mi costa. Nunca letra de vuestra merced pensé romper de tan buena gana. Yo le digo, que sabe bien mortificar, y darme a entender lo que soy; pues le parece a vuestra merced que creo de mí puedo enseñar. ¡Dios me libre! No querría se me acordase. Ya veo que tengo la culpa; aunque no sé si la tiene más el deseo, que tengo de ver a vuestra merced bueno: que desta flaqueza puede ser proceda tanta bobería como a vuestra merced digo, y del amor que le tengo, que me hace hablar con libertad, sin mirar lo que digo: que aun después quedé con escrúpulo de algunas cosas, que traté con vuestra merced y a no me quedar el de inobediente, no respondiera a lo que vuestra merced manda; porque me hace harta contradicción. Dios lo reciba. Amén.

Una de las grandes faltas que tengo, es juzgar por mí en estas cosas de oración; y ansí no tiene vuestra merced que hacer caso de lo que dijere; porque le dará Dios otro talento, que a una mujercilla como yo. Considerando la merced, que nuestro Señor me ha hecho de tan actualmente traerle presente, y que con todo eso veo cuando tengo a mi cargo muchas cosas que han de pasar por mi mano, que no hay persecuciones, ni trabajos que ansí me estorben. Si es cosa en que me puedo dar prisa, me ha acaecido, y muy de ordinario, acostarme a la una, y a las dos, y más tarde, por que no esté el alma después obligada a acudir a otros cuidados, más que al que tiene presente. Para la salud harto mal me ha hecho, y ansí debe de ser tentación, aunque me parece queda el alma más libre: como quien tiene un negocio de grande importancia, y necesario, y concluye presto con los demás, para que no le impidan en nada a lo que entiende ser lo más necesario.

Y ansí todo lo que yo puedo dejar que hagan las hermanas, me da gran contento, aunque en alguna manera se haría mejor por mi mano; mas como no se hace por ese fin, su majestad lo suple, y yo me hallo notablemente más aprovechada en lo interior, mientras más procuro apartarme de las cosas. Con ver esto claro, muchas veces me descuido a no lo procurar, y cierto siento el daño: y veo que podría hacer más, y más diligencia en este caso, y que me hallaría mejor.

No se entiende esto de cosas graves, que no se pueden escusar, y en que debe estar también mi yerro; porque las ocupaciones de vuestra merced sonlo, y sería mal dejarlas en otro poder, que ansí lo pienso, sino que veo a vuestra merced malo, querría tuviese menos trabajos. Y cierto que me hace alabar a nuestro Señor ver, cuán de veras toman las cosas que tocan a su casa, que no soy tan boba, que no entiendo la gran merced que Dios hace a vuestra merced en darle ese talento, y el gran mérito que es. Harta envidia me hace, que quisiera yo ansí mi perlado. Ya que Dios me dio a vuestra merced por tal, querría le tuviese tanto de mi alma, como de la fuente, que me ha caído en harta gracia, y es cosa tan necesaria en el monasterio, que todo lo que vuestra merced hiciere en él, lo merece la causa.

No me queda más que decir. Cierto que trato como con Dios toda verdad; y entiendo, que todo lo que se hace para hacer muy bien un oficio de superior, es tan agradable a Dios, que en breve tiempo da lo que diera en muchos ratos, cuando se han empleado en esto; y téngolo también por experiencia, como lo que he dicho, sino que como veo a vuestra merced tan ordinario tan ocupadísimo, ansí por junto me ha pasado por el pensamiento lo que a vuestra merced dije; y cuando más lo pienso, veo que, como he dicho, hay diferencia de vuestra merced a mí. Yo me enmendaré de no decir mis primeros movimientos, pues me cuesta tan caro. Como vea yo a vuestra merced bueno, cesará mi tentación. Hágalo el Señor como puede, y deseo.
Servidora de vuestra merced.
Teresa de Jesús.

Carta XXII. Al padre fray Jerónimo Gracián de la Madre de Dios

Jesús sea con vuestra paternidad. Mi padre, después que se fue el padre prior de Mancera he hablado al maestro Daza, y al doctor Rueda sobre esto de la provincia; porque yo no querría que vuestra paternidad hiciese cosa que nadie pudiese decir que fue mal, que más pena me daría esto, aunque después sucediese bien, que todas las cosas que se hacen mal para nuestro propósito, sin culpa nuestra. Entrambos dicen, que les parece cosa recia, si la comisión, de vuestra paternidad no trata alguna particularidad para poderse hacer, en especial el doctor Rueda, a cuyo parecer yo me allego mucho, porque en todo lo veo atinado; en fin, es muy letrado. Dice, que como es cosa de jurisdicción, que es dificultoso hacer elección; porque si no es el general, o el Papa, que no lo puede hacer, y que los votos serían sin valor, y que no habrían menester más estotros para acudir al Papa, y dar voces, que le salen de la obediencia, haciéndose superiores en lo que no pueden; que es cosa mal sonante, y que tiene por más dificultoso confirmarlo, que dar licencia el Papa para hacer provincia; que con una letra que escriba el rey a su embajador, gustará de hacerlo; que es cosa fácil, como se lo diga, cuales traían a los Descalzos. Podría ser que si con el rey se tratase, gustase de hacerlo; pues aun para la reforma es gran ayuda, porque estotros los ternían en más, y descuidarían ya en que se han de deshacer.

No sé si sería bueno que vuestra paternidad lo comunicase con el padre maestro Chaves (llevando esa mi carta, que envié con el padre prior), que es muy cuerdo; y haciendo caso de su favor, quizá lo alcanzaría con el rey: y con cartas suyas sobre esto, habían de ir los mismos frailes a Roma (los que está tratado) que en ninguna manera querría se dejase de ir; porque, como dice el doctor Rueda, es el camino, y medio recto el del Papa, o general. Yo le digo, que si el padre Padilla, y todos hubiéramos dado en acabar esto con el rey, que ya estuviera hecho; y aun vuestra paternidad mismo se lo podría tratar, y al arzobispo: porque si electo el provincial se ha de confirmar, y favorecerlo el rey, mejor puede hacerlo ahora. Y si no se hace, no queda la nota, y la quiebra, que quedará, si después de electo no se hace, y queda por borrón; y porque se hizo lo que no podía, y que no se entendió, pierde vuestra paternidad mucho crédito.

Dice el dotor, que aun si lo hiciera el visitador domínico, u otro, mejor se sufría que hacer ellos perlados para sí: y que en estas cosas de jurisdicción, como he dicho, se pone mucho, y es cosa importante, que la cabeza tenga por donde lo pueda ser. Yo, en pensando que han de echar a vuestra paternidad la culpa con alguna causa, me acobardo; lo que no hago cuando se las echan sin ella, antes me nacen más alas: y ansí no he visto la hora de escribir esto, para que se mire mucho.

¿Sabe qué he pensado? Que por ventura, de las cosas que he enviado a nuestro padre general, se aprovecha contra nosotros (que eran muy buenas), dándolas a cardenales; y hame pasado por pensamiento no le enviar nada, hasta que estas cosas se acaben: y ansí sería bien, si se ofreciese ocasión, dar algo al nuncio. Yo veo, mi padre, que cuando vuestra paternidad está en Madrid, hace mucho en un día; y que hablando con unos, y otros, y de las que vuestra paternidad tiene en palacio, y el padre fray Antonio con la duquesa, se podría hacer mucho para que con el rey se hiciese esto, pues él desea que se conserven. Y el padre Mariano, pues habla con él, se lo podía dar a entender, y suplicárselo, y traerle a la memoria lo que ha que está preso aquel santico de fray Juan. En fin, el rey a todos oye: no sé por qué ha de dejar de decírselo, y pedírselo, el padre Mariano en especial.

Mas qué hago de parlar: y qué de boberías escribo a vuestra paternidad y todo me lo sufre. Yo le digo, que me estoy deshaciendo, por no tener libertad para poder yo hacer lo que digo que hagan. Ahora como el rey se va tan lejos, querría quedase algo hecho. Hágalo Dios como puede.

Con gran deseo estamos esperando esas señoras: y estas hermanas, muy puestas en que no han de dejar pasar a su hermana de vuestra paternidad sin darla aquí el hábito. Es cosa extraña lo que vuestra paternidad las debe. Yo se lo he tenido en mucho; porque están tantas, y tienen necesidad: y con el deseo que tienen de tener cosa de vuestra paternidad no se les pene cosa delante. ¡Pues Teresica, las cosas que dice, y hace! Yo también me holgara; porque a donde va no la podré ansí gozar, y aun quizá nunca, que está muy a trasmano. Con todo queda por mí, y las voy a la mano; porque ya está recibida en Valladolid, y estará muy bien, y sería darles disgusto mucho, en especial a Casilda. Quédase acá para Juliana (aunque yo no les digo nada desto de Juliana) porque ir a Sevilla, hácese muy recio para la señora doña Juana; y aun quizá, de que sea grande, lo sentirá. ¡Oh qué tentación con su hermana, la que está en las Doncellas! Que por no lo entender, deja de estar remediada, y más a su descanso que está.

Mi hermano Lorenzo lleva esta carta, que va a la corte, y desde allí creo a Sevilla: en Madrid ha de estar algunos días. La priora creo escribe, y ansí no más de que Dios me guarde a vuestra paternidad. La de Alba está malísima: encomiéndela a Dios; que aunque más digan della, se perdería harto, porque es muy obediente; y cuando esto hay, con avisar se remedia todo. ¡Oh qué obra pasan las de Malagón por Brianda! Mas yo reí lo de que torne allí.

A doña Luisa de la Cerda se le ha muerto la hija más pequeña; que me tienen lastimadísima los trabajos que da Dios a esta señora. No le queda sino la viuda. Creo es razón le escriba vuestra paternidad y consuele, que se le debe mucho.

Mire en esto de quedar aquí su hermana, si la parece mejor, no lo estorbaré; y si gusta la señora doña Juana de tenerla más cerca. Yo temo (como ya tiene por sí, de ir a Valladolid) no le suceda alguna tentación después aquí: porque oirá cosas de allá, que no tiene en esta casa, aunque no sea sino la huerta; que esta tierra es miserable. Dios me le guarde, mi padre, y haga tan santo como yo le suplico. Amén. Amén. Mejor se va parando el brazo. Son hoy 15 de abril.

Indigna sierva, y hija de vuestra paternidad.

Teresa de Jesús.

Doña Guiomar se está aquí, y mejor; con harto deseo de ver a vuestra paternidad. Llora a su fray Juan de la Cruz, y todas las monjas. Cosa recia ha sido esta. La Encarnación comienza a ir como suele.

Carta XXIII. Al mismo padre fray Jerónimo Gracián de la Madre de Dios

Jesús

La gracia del Espíritu Santo sea con vuestra paternidad, padre mío. Yo he recibido tres cartas de vuestra paternidad por la vía del correo mayor, y ayer las que traía fray Alonso. Bien me ha pagado el Señor lo que se han tardado. Por siempre sea bendito, que, está vuestra paternidad bueno. Primero me dio un sobresalto, que como dieron los pliegos de la priora, y no venía letra de vuestra paternidad en uno, ni en otro, ya ve lo que había de sentir. Presto se remedió. Siempre me diga vuestra paternidad las que recibe mías, que no hace sino no responderme a cosa muchas veces, y luego olvidarse de poner la fecha.

En la una, y en la otra me dice vuestra paternidad que cómo me fue con la señora doña Juana; y lo he escrito por la vía del correo de aquí. Pienso viene la respuesta en la que me dice viene por Madrid; y ansí no me ha dado mucha pena. Estoy buena, y la mi Isabel es toda nuestra recreación. Extraña cosa es su apaciblimiento, y regocijo. Ayer me escribió la señora doña Juana. Buenos están todos.

Mucho he alabado al Señor de como van los negocios: y hanme espantado las cosas que me ha dicho fray Alonso, que decían de vuestra paternidad. Válame Dios, qué necesaria ha sido la ida de vuestra paternidad. Aunque no hiciese más, en conciencia me parece estaba obligado, por la honra de la Orden. Yo no sé cómo se podían publicar tan grandes testimonios. Dios los dé su luz. Y si vuestra paternidad tuviera de quien se fiar, harto bueno fuera hacerles ese placer de poner otro prior; mas no lo entiendo. Espantome quien daba ese parecer, que era no hacer nada. Gran cosa es estar ahí quien sea contrario para todo; y harto trabajo, que (si fuera bien) lo rehusase el mismo. En fin no están mostrados a desear ser poco estimados.

(La mejor oración es la que tiene mejores dejos, confirmados con obras.) No es maravilla, que teniendo tantas ocupaciones Pablo pueda tener con José tanto sosiego: mucho alabo al Señor. Vuestra paternidad le diga, que acabe ya de contentarse de su oración, y no se le dé nada de obrar el entendimiento, cuando Dios le hiciere merced de otra suerte; y que mucho me contenta lo que escribe. El caso es, que en estas cosas interiores de espíritu la oración más acepta, y acertada es la que deja mejores dejos. No digo luego al presente muchos deseos; que en esto, aunque es bueno, a las veces no son como nos los pinta nuestro amor propio. Llamo dejos, confirmados con obras, que los deseos que tiene de la honra de Dios, se parezcan en mirar por ella muy de veras, y emplear su memoria, y entendimiento en cómo le ha de agradar, y mostrar más el amor que le tiene.

¡Oh que ésta es la verdadera oración! Y no unos gustos para nuestro gusto, no más; y cuando no se ofrece lo que he dicho, mucha flojedad, y temores, y sentimientos de si hay falta en nuestra estima. Yo no desearía otra oración, sino la que me hiciese crecer las virtudes. Si es con grandes tentaciones, y sequedades, y tribulaciones, y esto me dejase más humilde, esto ternía por buena oración; pues lo que más agrada a Dios, ternía por más oración. Que no se entiende, que no era el que padece, pues lo está ofreciendo a Dios, y muchas veces mucho más, que el que se está quebrando la cabeza a sus solas, y pensará, si ha estrujado algunas lágrimas, que aquello es la oración.

Perdone vuestra paternidad con tan grande recaudo, pues el amor que tiene a Pablo lo sufre, y si le parece bien esto que digo, dígaselo, y si no, no; mas digo lo que querría para mí. Yo le digo que es gran cosa obras, y buena conciencia.

En gracia me ha caído lo del padre Joanes; podría ser querer el demonio hacer algún mal, y sacar Dios algún bien dello. Mas es menester grandísimo aviso, que tengo por cierto, que el demonio no dejará de buscar cuantas invenciones pudiere, para hacer daño a Eliseo, y ansí hace bien de tenerlo por patillas. Y aun creo no sería malo dar a esas cosas pocos oídos; porque si es porque haga penitencia Joanes, hartas le ha dado Dios, que lo que fue por sí solo, que los tres que se lo debían aconsejar, presto pagaron lo que José dijo.

De la hermana san Jerónimo, será menester hacerla comer carne algunos días, y quitarla la oración, y mandarla vuestra paternidad que no trate sino con él, o que me escriba, que tiene flaca imaginación, y lo que medita le parece que ve, y oye; bien que algunas veces será verdad, y lo ha sido; que es muy buena alma.

De la hermana Beatriz me parece lo mismo, aunque eso que me escriben del tiempo de la profesión, no me parece antojo, sino harto bien. También ha menester ayunar poco. Mándelo vuestra paternidad a la priora, y que no las deje tener oración a tiempos, sino ocupadas en otros oficios, por que no vengamos a más mal; y créame, que es menester esto.

Pena me ha dado lo de las cartas perdidas; y no me dice si importaban algo las que perecieron en manos de Peralta. Sepa que envío ahora un correo. Mucha, mucha envidia he tenido a las monjas, de los sermones que han gozado de vuestra paternidad. Bien parece que lo merecen, y yo los trabajos; y con todo me dé Dios muchos más por su amor. Pena me ha dado el haber de irse vuestra paternidad a Granada: querría saber lo que ha de estar allá, y ver cómo le he de escribir, o a dónde. Por amor de Dios lo deje avisado. Pliego de papel con firma no vino ninguno: envíeme vuestra paternidad un par dellos, que creo serán menester, que ya veo el trabajo que tiene, y hasta que haya alguna más quietud, querría quitar alguno a vuestra paternidad. Dios le dé el descanso, que yo deseo, con la santidad que le puede dar. Amén. Son hoy 23 de octubre.

Indigna sierva de vuestra paternidad.

Teresa de Jesús.

Carta XXIV. Al mismo padre fray Jerónimo Gracián de la Madre de Dios

Jesús sea con vuestra reverencia, mi padre. Por la vía de Toledo también le he escrito. Hoy me trajeron esta carta de Valladolid, que de presto me dio sobresalto la novedad; mas luego he considerado, que los juicios de Dios son grandes, y que en fin ama a esta Orden, y que ha de sacar algún bien, o escusar algún mal, que no entendemos. Por amor de nuestro Señor vuestra reverencia no tenga pena. A la pobre muchacha he harta lástima, que es la peor librada, porque es burla con descontento andar ella con la alegría, que andaba. No debe de querer su majestad, que nos honremos con señores de la tierra, sino con los pobrecitos, como eran los apóstoles, y ansí no hay que hacer caso dello; y habiendo sacado también a la otra hija, para llevarla consigo, de santa Catalina de Sena, hace al caso para no perder nada, acá digo a los dichos del mundo; que para Dios quizá es lo mejor, que en solo él pongamos los ojos.

Vaya con Dios. Él me libre destos señores, que todo lo pueden, y tienen extraños reveses. Aunque esta pobrecita no se ha entendido, al menos de tornar a la Orden, creo no nos estará bien. Si algún mal hay, es el daño que puede hacer, haber en estos principios cosas semejantes. A ser el descontento como el de acá, no me espantara; mas tengo por imposible poder ella disimularle tanto, si ansí le tuviera. Lástima he a aquella pobre priora lo que pasa, y a la nuestra María de san José. Escríbala vuestra reverencia. Cierto que siento mucho verle ahora alejar tanto: no sé qué me ha dado. Dios le traiga con bien; y al padre fray Nicolás, dé mis encomiendas. Todas las de acá las envían a vuestra reverencia y guárdele Dios. Son hoy 28 de septiembre.

De vuestra reverencia súbdita, y hija.

Teresa de Jesús.

Carta XXV. Al mismo padre fray Jerónimo Gracián de la Madre de Dios

Jesús

La gracia del Espíritu Santo sea con vuestra paternidad mi padre, y le haya dado esta Pascua tantos bienes, y dones suyos, que pueda con ellos servir a su majestad lo mucho que le debe, en haber querido, que tan a costa de vuestra paternidad vea remediado su pueblo. Sea Dios por todo alabado, que cierto hay bien que pensar, y que escribir desta historia. Aunque no sé las particularidades de cómo se ha concluido, entiendo debe de ser muy bien: al menos, si el Señor nos deja ver provincia, no se debe de haber hecho en España con tanta autoridad, y examen, que da a entender quiere el Señor a los Descalzos para más de lo que pensamos. Plegue a su majestad guarde muchos años a Pablo, para que lo goce, y trabaje; que yo desde el cielo lo veré, si merezco este lugar.

Ya trajeron la carta de pago de Valladolid. Harto me huelgo vayan ahora esos dineros. Plegue al Señor, ordene, que se concluya con brevedad; porque aunque es muy bueno el perlado que ahora tenemos, es cosa diferente de lo que conviene, para asentarse todo como es menester, que en fin es de prestado.

Por esa carta verá vuestra paternidad lo que se ordena de la pobre vejezuela. Según los indicios hay (puede ser sospecha) es más el deseo que estos mis hermanos deben de tener de verme lejos de sí, que la necesidad de Malagón. Esto me ha dado un poco de sentimiento; que lo demás, ni primer movimiento digo el ir a Malagón; aunque el ir por priora, me da pena, que no estoy para ello, y temo faltar en el servicio de nuestro Señor. Vuestra paternidad le suplique, que en esto esté yo siempre entera, y en lo demás, venga lo que viniere, que mientras más trabajos, más ganancia. En todo caso rompa vuestra paternidad esa carta. Harto consuelo me da, que esté vuestra paternidad tan bueno; si no que no lo querría con la calor ver en ese lugar. ¡Oh qué soledad me hace cada día más para el alma, estar tan lejos de vuestra paternidad aunque del padre fray José, siempre le parece está cerca, y con esto se pasa esta vida, bien sin contentos de la tierra, y muy contino contento! Vuestra paternidad ya no debe estar en ella, según le ha quitado el Señor las ocasiones, y dándole a manos llenas, para que esté en el celo. Es verdad, que mientras más pienso en esta tormenta, y en los medios que ha tomado el Señor, más me quedo boba; y si fuese servido, que esos andaluces se remediasen algo, lo ternía por merced muy particular, no fuese por manos de vuestra paternidad como no le va el apretarlos, pues ha sido esto para su remedio: y esto he deseado siempre.

Hame dado gusto lo que me escribe el padre Nicolao en este caso, y por eso lo envío a vuestra paternidad. Todas estas hermanas se le encomiendan mucho. Harto sienten pensar, si me he de ir de aquí. Avisaré a vuestra paternidad lo que fuere. Encomiéndelo a nuestro Señor mucho por caridad. ¡Ya se acordará de lo que murmurarán estas andadas después, y quien son: mire, ¡qué vida! Aunque esto hace poco al caso.

Yo he escrito al padre vicario los inconvenientes que hay para ser yo priora, de no poder andar con la comunidad, y en lo demás: que ninguna pena me dará; iré al cabo del mundo, como sea por obediencia; antes creo, mientras mayor trabajo fuese, me holgaría más de hacer siquiera alguna cosita por este gran Dios, que tanto debo: en especial creo es más servirle, cuando solo por obediencia se hace; que con el mi Pablo, bastaba para hacer cualquiera cosa con contento, el dársele. Hartas pudiera decir, que le dieran contento, sino que temo esto de cartas, para cosas del alma en especial. Para que vuestra paternidad se ría un poco, le envío esas coplas, que enviaron de la Encarnación, que más es para llorar, cómo está aquella casa. Pasan las pobres entreteniéndose. Como gran cosa han de sentir verme ir de aquí, que aún tienen esperanza (y yo no estoy sin ella), de que se ha de remediar aquella casa.

Con mucha voluntad han dado los 200 ducados las de Valladolid, y la priora lo mismo, que si no los tuviera, los buscara: y envía la carta de pago de todos 400. Helo tenido en mucho; porque verdaderamente es allegadora para su casa: mas tal carta le escribí yo. La señora doña Juana me ha caído en gracia, que me ha espantado, que me escribe la tiene algún miedo: porque daba los dineros, sin decírselo. Y verdaderamente, que en lo que toca a la hermana María de san José, siempre la he visto con gran voluntad: en fin, se ve la que a vuestra paternidad tiene. Dios le guarde, mi padre, Amén. Amén. Al padre rector mis encomiendas, y al padre que me escribió este otro día, lo mismo. Fue ayer postrer día de Pascua. La mía, aún no ha llegado.

Indigna sierva de vuestra paternidad.
Teresa de Jesús.

Carta XXVI. Al mismo padre fray Jerónimo Gracián de la Madre de Dios

Jesús sea con vuestra reverencia. Amén. Por esa carta verá vuestra reverencia lo que en Alba se pasa con su fundadora. Hanla comenzado a tener miedo, y hécholas tomar monjas, y deben de pasar harta necesidad, y veo mal remedio para llegar a razón: menester ha vuestra reverencia informarse de todo.

No olvide vuestra reverencia dejar mandado lo de los velos en todas partes, y declarado por qué personas se ha de entender la constitución; por que no parezca las aprieta más, que yo temo más, que no pierdan el gran contento con que nuestro Señor las lleva, que esotras cosas; porque sé, qué es una monja descontenta: y mientras ellas no dieren más ocasión de la que hasta ahora han dado, no hay por qué las aprieten en más de lo que prometieron.

A los confesores, no hay para qué los ver sin velos jamás, ni a los frailes de ninguna Orden; y muy menos a nuestros Descalzos. Podríase declarar, como si tienen un tío, y no tienen padre, y aquel tiene cuenta dellas, o personas de muy mucho deudo, que ello mismo se lleva razón: o si hay duquesa, o condesa, persona principal: en fin, en donde no pueda haber peligro, sino provecho; y cuando no fuere desta suerte, que no se abra: o si otra cosa se ofreciere, que sea duda, que se comunique con el provincial, y se pida licencia; y si no, que jamás se haga; mas yo he miedo no la de el provincial con facilidad. Para cosa de alma parece que se puede tratar sin abrir velo. Vuestra reverencia lo verá.

Harto deseo les venga luego alguna que traiga algo, para pagar lo que se ha gastado en la obra. Dios lo guíe como ve la necesidad. Aquí están bien, que todo les sobra, digo

cuanto a lo exterior, que para el contento interior, poco hará esto, mejor le hay en la pobreza. Su majestad nos lo dé a entender, y haga a vuestra reverencia muy santo. Amén.
Indigna sierva, y súbdita de vuestra reverencia.
Teresa de Jesús.

Carta XXVII. Al padre fray Juan de Jesús Roca, Carmelita descalzo. En Pastrana

Jesús, María, y José sean en el alma de mi padre fray Juan de Jesús. Recibí la carta de vuestra reverencia en esta cárcel, a donde estoy con sumo gusto, pues paso todos mis trabajos por mi Dios, y por mi religión. Lo que me da pena, mi padre, es lo que vuestras reverencias tienen de mí: esto es lo que me atormenta. Por tanto, hijo mío, no tenga pena, ni los demás la tengan; que como otro Pablo (aunque no en santidad) puedo decir: que las cárceles, los trabajos, las persecuciones, los tormentos, las ignominias, y afrentas por mi Cristo, y por mi religión, son regalos, y mercedes para mí.

Nunca me he visto más aliviada de los trabajos, que ahora. Es propio de Dios favorecer a los afligidos, y encarcelados, con su ayuda, y favor. Doy a mi Dios mil gracias, y es justo se las demos todos, por la merced que me hace en esta cárcel. ¿Hay (mi hijo, y padre) mayor gusto, ni más regalo, ni suavidad, que padecer por nuestro buen Dios? ¿Cuándo estuvieron los santos en su centro, y gozo, sino cuando padecían por su Cristo, y Dios? Este es el camino seguro para Dios, y el más cierto; pues la cruz ha de ser nuestro gozo, y alegría. Y ansí, padre mío, cruz busquemos, cruz deseemos, trabajos abracemos; y el día que nos faltaren, ¡ay de la religión Descalza! ¡Y ay de nosotros!

Díceme en su carta, como el señor nuncio ha mandado, que no se funden más conventos de Descalzos, y los hechos se deshagan, a instancia del padre general: que el nuncio está enojadísimo contra mí, llamándome mujer inquieta, y andariega; y que el mundo está puesto en armas contra mí, y mis hijos, escondiéndose en las breñas ásperas de los montes, y en las casas más retiradas, porque no los hallen, y prendan. Esto es lo que lloro: esto es lo que siento: esto es lo que me lastima, que por una pecadora, y mala monja, hayan mis hijos de padecer tantas persecuciones, y trabajos, desamparados de todos, mas no de Dios, que de esto estoy cierta, no nos dejará, ni desamparará a los que tanto le aman.

Y porque se alegre mi hijo con los demás sus hermanos, le digo una cosa de gran consuelo, y esto se quede entre mí, y vuestra reverencia y el padre Mariano, que recibiré pena que lo entiendan otros. Sabrá mi padre, como una religiosa de esta casa, estando la vigilia de mi padre san José en oración, se le apareció, y la Virgen, y su Hijo, y vio cómo estaban rogando por la reforma, y le dijo nuestro Señor, que el infierno, y muchos de la tierra hacían grandes alegrías, por ver, que a su parecer estaba deshecha la Orden: mas al punto, que el nuncio dio sentencia, que se deshiciese, la confirmó a ella Dios, y le dijo, que acudiesen al rey, y que le hallarían en todo como padre; y lo mismo dijo la Virgen, y san José, y otras cosas, que no son para carta: y que yo, dentro de veinte días, saldría de la cárcel, placiendo a Dios. Y ansí alegrémonos todos, pues desde hoy la reforma Descalza irá subiendo.

Lo que ha de hacer vuestra reverencia, es estarse en casa de doña María de Mendoza, hasta que yo avise: y el padre Mariano irá a dar esta carta al rey, y la otra a la duquesa de Pastrana, y vuestra reverencia no salga de casa, porque no le prendan, que presto nos veremos libres.

Yo quedo buena, y gorda, sea Dios bendito. Mi compañera está desganada: encomiéndenos a Dios, y diga una misa de gracias a mi padre san José. No me escriba hasta que yo

le avise. Dios le haga santo, y perfecto religioso Descalzo. Hoy miércoles, 25 de marzo de 1579. Con el padre Mariano avisé, que vuestra reverencia, y el padre fray Jerónimo de la Madre de Dios, negociasen de secreto con el duque del Infantado.
Teresa de Jesús.

Carta XXVIII. Al padre fray Ambrosio Mariano de san Benito, Carmelita descalzo
Jesús, María.
La gracia del Espíritu Santo sea con vuestra reverencia. Bien parece que no tiene vuestra reverencia entendido lo que debo, y quiero al padre Olea, pues en negocios que haya tratado, o trate su merced, me escribe vuestra reverencia. Ya creo sabe, que no soy desagradecida; y ansí le digo, que si en este negocio me fuera perder descanso, y salud, que ya estuviera concluido; mas cuando hay cosa de conciencia en ello, no basta amistad; porque debo más a Dios, que a nadie.
Pluguiera a Dios que fuera falta de dote, que ya sabe vuestra reverencia (y si no infórmese dello) las muchas que hay en estos monasterios sin ninguno, cuanto más que le tiene bueno, que le dan 500 ducados, con que puede ser monja en cualquier monasterio. Como mi padre Olea no conoce las monjas destas casas, no me espanto esté incrédulo: yo que sé que son siervas de Dios, y conozco la limpieza de sus almas, no creeré jamás, que ellas han de quitar a ninguna el hábito, no habiendo muchas causas; porque sé el escrúpulo, que suelen tener en esto; y cosa en que ansí se determinan, debe de haber mucha: y como somos pocas, la inquietud que hacen, cuando no son para la religión, es de suerte, que a una ruin conciencia se le hiciera escrúpulo pretender esto, cuanto más a quien desea no descontentar en nada a nuestro

Señor. Vuestra reverencia me diga, si no le dan los votos, ¿cómo puedo yo hacerles tomar una monja por fuerza, como no se las dan, ni ningún prelado?

Y no piense vuestra reverencia que le va al padre Olea nada, que me ha escrito que no tiene más con ella, que con uno que pasa por la calle; sino que mis pecados le han puesto tanta caridad en cosa que no se puede hacer, ni yo lo puedo servir, y me ha dado harta pena. Y cierto, aunque se pudiera ser, a ella no se la hacen en quedar con quien no la quiere. Yo he hecho en este caso más de lo que era razón, que se la hago tener otro año, harto contra su voluntad, para que se pruebe más, y por si cuando yo fuere a Salamanca, voy por allí, informarme mejor de todo. Esto es por servir al padre Olea, y porque más se satisfaga; que bien veo, que no mienten las monjas, que aun en cosas muy livianas sabe vuestra reverencia cuán ajeno es destas hermanas esto.

Y que no es cosa nueva irse monjas destas casas: que es muy ordinario, y ninguna cosa pierde en decir, que no tuvo salud para llevar este rigor; ni he visto ninguna, que valga menos por esto. Escarmentada desto, he de mirar mucho lo que hago de aquí adelante; y ansí no se tomará la del señor Nicolao, aunque a vuestra reverencia más le contente; porque estoy informada por otra parte, y no quiero, por hacer servicio a mis señores, y amigos, tomar enemistad.

Extraña cosa es, que diga vuestra reverencia que ¿para qué se hablaba en ello? Desa manera no se tomaría monja. Porque deseaba servirle, y me dieron otra relación de lo que después he sabido: y yo sé que el señor Nicolao quiere más el bien destas casas, que de un particular: y ansí estaba allanado en esto.

Vuestra reverencia no trate más dello, por amor de Dios; que buen dote la dan, que puede entrar en otra parte, y no entre donde para ser tan pocas habían de ser bien escogidas.

Y si hasta aquí no ha habido tanto extremo en esto con alguna, aunque son bien contadas, hanos ido tan mal, que le habrá de aquí adelante. Y no nos ponga con el señor Nicolao en el desasosiego, que será tornarla a echar.

En gracia no ha caído el decir vuestra reverencia que en viéndola la conocerá. No somos tan fáciles de conocer las mujeres, que muchos años las confiesan, y después ellos mismos se espantan de lo poco que han entendido: y es porque ni aun ellas no se entienden para decir sus faltas; y ellos juzgan por lo que les dicen. Mi padre, cuando quisiere que le sirvamos en estas casas, denos buenos talentos, y verá como no nos desconcertaremos por el dote; cuando esto no hay, no puedo hacer servicio en nada.

Sepa vuestra reverencia que yo tenía por fácil tener ansí una casa, a donde se aposentaren los frailes, y no me parecía mucho, sin ser monasterio, que les dieran licencia para decir misa, como la dan en casa de un caballero seglar; y ansí lo envié a decir a nuestro padre. Él me dijo, que no convenía; porque era dañar el negocio: y páreceme, que acertó bien. Y vuestra reverencia sabiendo en voluntad, no había de determinarse a estar tantos, y como si tuvieran la licencia, aderezan la iglesia, que me ha hecho reír. Aún casa no compraba yo, hasta tenerla del ordinario. En Sevilla, que no hice esto, ya ve lo que costó. Yo dije a vuestra reverencia harto, que hasta tener letra del señor nuncio, en que diese licencia, que no se haría nada.

Cuando don Jerónimo me dijo que venía a rogarlo a los padres, me quedé espantada; y por no parecerme a vuestras reverencias en fiar tanto dellos (al menos ahora) no estoy en hablar a Valdemoro: que tengo sospecha, que amistad para hacernos bien, no la terná, sino para ver si coge algo de que avisar a sus amigos: y esta misma querría tuviese vuestra reverencia y no se fiase dél, ni por tales amigos quiera hacer ese negocio. Deje a cuyo es (que es de Dios) que su majestad lo hará a su tiempo, y no se dé tanta priesa, que eso basta a estragarlo.

Sepa vuestra reverencia que don Diego Mejía es muy buen caballero, y que él hará lo que dice: y pues que se determinan a decirlo, entendido debe de tener de su primo que lo hará: y crea, que lo que no hiciere por él, que no lo hará por su tía; ni hay para qué la escribir, ni a ninguna persona, que son muy primos, y el deudo, y amistad de don Diego Mejía es mucho de estimar. Y también es buena señal decir el arcediano, que él daría la relación por nosotras; porque si no lo pensara hacer bien, no se encargara desto. El negocio está ahora en buenos términos, vuestra reverencia no lo bulla ahora más, que antes será peor. Veamos qué hace don Diego, y el arcediano.

Yo procuraré por acá entender, si hay quien se lo ruegue; y si el deán puede algo, doña Luisa lo hará con él todo. Esto ha sido harto a mi gusto, y háceme más creer, que se sirve mucho Dios desta fundación; y ansí ni lo uno, ni lo otro ha estado en manos de nosotros. Harto bien es que tengan casa, que tarde, o temprano habremos la licencia. A haberla dado el señor nuncio ya estuviera acabado. Plegue a nuestro Señor de darle la salud, que habemos menester. Yo le digo, que el Tostado, no está nada desconfiado, ni yo segura de que comenzará de hacer por él, quien lo comenzó.

En eso de Salamanca, el padre fray Juan de Jesús está tal con sus cuartanas, que no sé qué pueda hacer, ni vuestra reverencia se declara en lo que han de aprovechar. De lo que toca al colegio de allí, comenzaremos de lo que hace al caso, que es que el señor nuncio dé licencia, y con esta que hubiese dado, ya estaría hecho; porque si los principios se yerran, todo va errado. Lo que el obispo pide, a mi parecer, es (como ha sabido que el señor Juan Díaz está ahí de la manera que está) quien allá pueda hacer otro tanto. Y no sé yo, si se sufre en nuestra profesión estar por vicarios: no me parece conveniente, ni qué harán al caso dos meses, cuando esto fuese, sino para dejar al obispo enojado. Ni sé cómo saldrán con ese gobierno esos padres; que querrán que lleven mucha perfección, y para esa gente no conviene, ni sé si el obispo gustará de frailes.

Yo digo a vuestra reverencia que hay más que hacer de lo que piensa: y que por donde pensamos ganar, quizá perderemos. Ni me parece para autoridad de nuestra Orden, que entren con ese oficio de vicarios (que no los quiere para otra cosa) gente que cuando les viesen, los habían de mirar como ermitaños contemplativos, y no de aquí para allí con mujeres semejantes; que fuera de sacarlas de su mal vivir, no sé si parecerá bien. Pongo los inconvenientes, por que allá los miren, y hagan vuestras reverencias lo que les pareciere, que yo me rindo, y acertarán mejor. Léanlos al señor licenciado Padilla, y al señor Juan Díaz, que yo no sé más que esto que digo. La licencia del obispo siempre estará cierta. Sin eso no estoy tampoco muy confiada de ser gran negociador el señor don Teutonio; de que tiene gran voluntad, sí; posibilidad, poca.

Yo aguardaba a estar allá para bullir ese negocio; que soy una gran baratona (si no dígalo mi amigo Valdemoro) porque no querría que se dejase de hacer por no acertar en los términos: que aquella casa es lo que mucho he deseado, y esa quitar, hasta que haya más comodidad (de la vecindad real) me he holgado; porque por ninguna manera hallo que se pueda salir bien. Harto mejor es en Malagón, mal por mal; que doña Luisa tiene gran gana, y hará buenas comodidades andando el tiempo, y hay muchos lugares grandes a la redonda: yo entiendo no les faltará de comer. Y por que llevase algún color el quitar desotra casa, la pueden pasar allí: y ahora no entienden que se deja del todo, sino que hasta tener hecha casa; porque parece poca autoridad hecha un día, y quitarla otro.

La carta para don Diego Mejía di a don Jerónimo, y él se la debió de enviar con otra que enviaba para el conde de Olivares. Yo le tornaré a escribir cuando vea que es menester: no le deje vuestra reverencia olvidar. Y otra vez digo, que si él dijo que lo daría llano; que lo trató con el arcediano, y que lo tiene por hecho, que es hombre de verdad.

Ahora me ha escrito por una monja, que pluguiera Dios tuvieran las que dejamos las partes que ella, que no las dejara de tomar. Su madre de el padre visitador se ha informado della. Ahora diciendo esto, me parece será bien, en achaque de decir algo a don Diego desta monja, hablarle desotro negocio, y tornárselo a encargar, y ansí lo haré. Mande vuestra reverencia darle esa carta, y quede con Dios, que bien me he alargado, como si no tuviera otra cosa en qué entender. Al padre prior no escribo, por tener ahora otras muchas cartas, y porque ésta puede tener su paternidad por suya. A mi padre Padilla muchas encomiendas. Harto alabo a nuestro Señor de que tiene salud. Su majestad sea con vuestra reverencia siempre. Yo procuraré la cédula, aunque sepa hablar a Valdemoro, que no lo puedo más encarecer; porque cosa no creo que hará por nosotros. Es hoy día de las Vírgenes.

Indigna sierva de vuestra reverencia.

Teresa de Jesús.

Otras cartas me han dado hoy de vuestra reverencia antes que viniese Diego. Con el primero envíe vuestra reverencia esa carta a nuestro padre, que es para unas licencias. Ninguna cosa le escribo de los negocios: por eso no se lo deje vuestra reverencia de escribir.

Porque vea si son para las más mis monjas, que vuestras reverencias, le envío ese pedazo de carta de la priora de Veas

Ana de Jesús. ¿Mire si ha buscado buena casa a los de la Peñuela? En forma me ha hecho gran placer. Aosadas que no lo acabaran vuestras reverencias tan presto. Han recibido una monja, que vale su dote 7.000 ducados. Otras dos están para entrar con otro tanto. Y una mujer muy principal tienen ya recibida, sobrina del conde de Tendilla; que va en más las cosas de plata, que ya ha enviado, de candeleros, vinagreras, y otras muchas cosas, relicario, cruz de cristal; sería largo de decir las cosas que ha enviado. Y ahora se les levanta un pleito, como verá en esas cartas. Mire vuestra reverencia lo que se puede hacer, que con hablar a ese don Antonio, sería lo que hiciese al caso; y decir cuán altas están las rejas, y que a nosotras nos va más; que a ellos no les dan pesadumbre. En fin, vea lo que se puede hacer. Su majestad sea con vuestra reverencia siempre.

Carta XXIX. Al señor Lorenzo de Cepeda y Ahumada, hermano de la Santa

Jesús

Sea el Espíritu Santo siempre con vuestra merced. Amén. Y páguenle el cuidado que ha tenido de socorrer a todos, y con tanta diligencia. Espero en la majestad de Dios, que ha de ganar vuestra merced mucho delante dél; porque es ansí cierto, que a todos los que vuestra merced envía dineros, les vino a tan buen tiempo que para mí ha sido harta consolación. Y creo que fue movimiento de Dios el que vuestra merced ha tenido para enviarme tantos; porque para una monjuela, como yo, que ya tengo por honra (gloria a Dios) andar remendada, bastaban los que habían traído Juan, Pedro de Espinosa, y Varona (creo se llama el otro mercader) para salir de necesidad por algunos años.

Mas como ya tengo escrito a vuestra merced bien largo, por muchas razones, y causas, de que yo no he podido huir, por ser inspiraciones de Dios, de suerte, que no son para carta, solo digo, que a personas santas, y letradas les parece estoy obligada a no ser cobarde, sino poner lo que pudiere en esta obra: que es hacer un monasterio en donde ha de haber solas trece, sin poder crecer el número, con grandísimo encarecimiento, ansí de nunca salir, como de no ver sino con velo delante del rostro, fundadas en oración, y mortificación, como a vuestra merced más largo tengo escrito, y escribiré con Antonio Morán, cuando se vaya.

Favoréceme esta señora doña Guiomar, que escribe a vuestra merced. Fue mujer de Francisco de Ávila de los de la Sobralejo, si vuestra merced se acuerda. Ha nueve años que murió su marido, que tenía un cuento de renta: ella por sí tiene un mayorazgo sin el de su marido; y aunque quedó de veinticinco años, no se ha casado, sino dádose mucho a Dios. Es espiritual harto. Ha más de cuatro que tenemos más estrecha amistad, que puedo tener con una hermana. Y aunque me ayuda, porque da mucha parte de la renta, por ahora está sin dineros; y cuanto toca a hacer, y comprar la casa, hágalo yo con el favor de Dios. Hanme dado dos dotes, antes que sea: y téngola comprada, aunque secretamente; y para labrar cosas que había menester, yo no tenía remedio. Y es ansí, que solo confiando (pues Dios quiere que lo haga) él me proveerá; concierto los oficiales (ello parecele cosa de desatino) viene su majestad, y mueve a vuestra merced para que la provea. Y lo que más me ha espantado es, que los 40 pesos, que añadió vuestra merced me hacían grandísima falta: y san José (que se ha de llamar ansí) creo hizo no la hubiese: y sé que lo pagará a vuestra merced. En fin, aunque es pobre, y chica, más lindas vistas, y campo tiene, y aun esto se acaba.

Han ido por las Bulas a Roma; porque aunque es de mi misma Orden, damos la obediencia al obispo. Espero en el Señor, será para mucha gloria suya, si lo deja acabar (que sin falta pienso será), porque van almas, que bastan a dar grandísimo ejemplo (que son muy escogidas) ansí de humildad, como de penitencia, y oración. Vuestra merced lo encomiende a Dios, que para cuando Antonio Morán vaya, con su favor estará ya acabado.

Él vino aquí, con quien me he consolado mucho: que me pareció hombre de suerte, y de verdad, y bien entendido; y de saber tan particularmente de vuestra merced que cierto una de las grandes mercedes, que el Señor me ha hecho es que le han dado a entender lo que es el mundo, y se hayan querido sosegar, y que entiendo yo que llevan camino del cielo, que es lo que más deseaba saber; que siempre hasta ahora estaba en sobresalto. Gloria sea al que todo lo hace. Plegue a él siempre vaya vuestra merced adelante en su servicio: que pues no hay tasa en el galardonar, no ha de haber parar en procurar servir al Señor, sino cada día (un poquito siquiera) ir más adelante, y con fervor, que parezca (como es ansí) que siempre estamos en guerra, y que hasta haber vitoria, no ha de haber descanso, ni descuido.

Todos los con quien vuestra merced ha enviado dineros, han sido hombres de verdad, aunque Antonio Morán se ha aventajado, ansí en traer más vendido el oro, y sin costa (como vuestra merced verá), como en haber venido con harto poca salud desde Madrid aquí a traerlo, aunque hoy está mejor, que era un accidente: y veo que tiene de veras voluntad a vuestra merced. Trajo también los dineros de Varona, y todo con mucho cuidado. Con Rodríguez vino también acá, y lo hizo harto bien. Con él escribiré a vuestra merced que por ventura será primero. Mostrome Antonio Morán la carta, que vuestra merced le había escrito. Crea, que tanto cuidado, no solo creo es de su virtud, sino que se lo ponía Dios.

Ayer me envió mi hermana (era su hermana doña María de Cepeda, mujer de Martín de Guzmán), doña María esa carta. Cuando la lleven estotros dineros, enviará otra. A harto buen tiempo le vino el socorro. Es muy buena cristiana, y queda con hartos trabajos; y si Juan de Ovalle le pusiese pleito, sería destruir sus hijos. Y cierto no es tanto lo que él tiene entendido, como le parece; aunque harto mal lo vendió todo, y lo destruyó. Mas también Martín de Guzmán llevaba sus intentos (Dios le tenga en el cielo), y se lo dio la justicia, aunque no bien: y tornar ahora a pedir lo que mi padre (que haya gloria) vendió, no me queda paciencia. Y lo demás como digo, tenía mal parado doña María mi hermana; y Dios me libre de interés, que ha de ser haciendo tanto mal a sus deudos. Aunque por acá está de tal suerte, que por maravilla hay padre para hijo, ni hermano para hermano. Ansí no me espanto de Juan de Ovalle; antes lo ha hecho bien, que por amor de mí, por ahora se ha dejado dello. Tiene buena condición; mas en este caso, no es bien fiarse della, sino que cuando vuestra merced le enviare los 1.000 reales, vengan a condición, y con escritura, que el día que tornare el pleito, sean 500 ducados de doña María.

Las casas de Juan de Centura, aún no están vendidas, sino recibidos 300.000 maravedís Martín de Guzmán dellas, y esto es justo se le torne. Y con enviar vuestra merced estos 1.000 pesos, se remedia Juan de Ovalle, y puede vivir aquí, y tiene ahora necesidad; que para vivir contino, no podrá, si de allá no viene esto, sino a tiempos mal.

Es harto bien casada. Mas digo a vuestra merced que ha salido (era su hermana doña Juana de Ahumada), doña Juana mujer tan honrada, y de tanto valor, que es para alabar a Dios: y un alma de un ángel. Yo salí la más ruin de todas, y a quien vuestra merced no había de conocer por hermana, según soy: no sé cómo me quieren tanto. Esto digo con toda verdad. Ha pasado hartos trabajos, y llevádolos harto bien. Si sin poner a vuestra merced en necesidad, pudiere enviarla algo, hágalo con brevedad, aunque sea poco a poco.

Los dineros que vuestra merced mandó, se han dado, como verá por las cartas. Toribia era muerta, y su marido a sus hijos, que los tiene pobres, ha hecho harto bien. Las misas están dichas: (dellas creo antes que viniesen los dineros) por lo que vuestra merced manda, y de personas las mejores que yo he hallado, que son harto buenas. Hízome devoción el intento, porque vuestra merced las decía.

Yo me hallo en casa de la señora doña Guiomar en todos estos negocios, que me ha consolado, por estar más con los que me dicen de vuestra merced. Y digo más a mi placer, que salió una hija desta señora, que es monja en nuestra casa, y mandome el provincial venir por compañera, a donde me hallo harto con más libertad para todo lo que quiero, que en casa de mi hermana. Es a donde hay todo trato de Dios, y mucho recogimiento. Estaré hasta que me mande otra cosa, aunque para tratar en el negocio dicho, está mejor estar por acá.

Ahora vengamos a hablar en mi querida hermana la señora (era doña Juana de Fuentes y Guzmán, mujer de su hermano el señor Lorenzo de Cepeda), doña Juana, que aunque a la postre, no lo está en mi voluntad: que es ansí cierto, que en el agrado que a vuestra merced la encomiendo a Dios. Beso a su merced mil veces las manos por tanta merced, como me hace. No sé con qué lo servir, sino con que al nuestro niño se encomiende mucho a Dios; y ansí se hace, que el santo fray Pedro de Alcántara lo tiene mucho a su cargo, que es un fraile Descalzo, de quien he escrito a vuestra merced y los Teatinos, y otras personas, a quienes oirá Dios. Plegue a su majestad lo haga mejor que a los padres, que aunque son buenos, quiero para él más. Siempre me escriba vuestra merced del contento, y conformidad que tiene, que me consuela mucho.

He dicho que le enviaré, cuando vaya Antonio Morán, un traslado de la ejecutoria, que dicen no puede estar mejor; y esto haré con todo cuidado. Y si desta vez se perdiere en el camino, hasta que llegue la enviaré, que por un desatino no se ha enviado: que porque toca a tercera persona, que no la ha querido dar, no lo digo: y unas reliquias, que tengo, también se enviarán, que es de poca costa la guarnición. Por lo que a mí envía mi hermano le beso mil veces las manos; que si fuera en el tiempo, que yo traía oro, hubiera harta envidia a la imagen, que es muy linda en extremo. Dios nos guarde a su merced muchos años, y a vuestra merced lo mismo, y les dé buenos años: que es mañana la víspera del año de 1562.

Por estarme con Antonio Morán, comienzo a escribir tarde, que aun dijera más, y quiérese ir mañana, y ansí escribiré con el mi Jerónimo de Cepeda, mas como he de escribir tan presto, no se me da nada. Siempre lea vuestra merced mis cartas. Harto he puesto en que sea buena la tinta. La letra se escribió tan apriesa, y es como digo tal hora, que no la puedo tornar a leer. Yo estoy mejor de salud, que suelo. Désela Dios a vuestra merced en el cuerpo, y en el alma, como yo deseo. Amén. A los señores Hernando de Ahumada, y Pedro de Ahumada, por no haber lugar no escribo; harelo presto. Sepa vuestra merced que algunas personas harto buenas, que saben nuestro secreto (digo del negocio) han tenido por milagro el enviarme vuestra merced tanto dinero a tal tiempo. Espero en Dios que cuando haya menester dé más, aunque no quiera, le pondrá en el corazón, que me socorra.

De vuestra merced muy cierta servidora.
Doña Teresa de Ahumada.

Carta XXX. Al mismo señor Lorenzo de Cepeda, hermano de la santa

Jesús.

Sea el Espíritu Santo siempre con vuestra merced. Amén. Por cuatro partes he escrito a vuestra merced y por las tres iba carta para el señor Jerónimo de Cepeda; y porque no es posible, sino llegar alguna, no responderé a todo lo de vuestra merced. Ahora no diré más sobre la buena determinación, que nuestro Señor ha puesto en su alma, de que he alabado a su majestad, y me parece muy bien acertado; que al fin, por las ocasiones que vuestra merced me dice, entiendo poco más, o menos, otras que puede haber: y espero en nuestro Señor será muy para su servicio. En todos nuestros monasterios se hace oración muy particular, y contina: que pues el intento de vuestra merced es para servir a nuestro Señor, su majestad nos le traiga con bien, y encamine lo que más sea para su alma provechoso, desos niños.

Ya escribí a vuestra merced que son seis los conventos, que están ya fundados, y dos de frailes también Descalzos de nuestra Orden; porque van muy en perfección, y los de las monjas, todos como el de san José de Ávila, que no parecen sino una cosa: y esto me anima, ver cuán de verdad es alabado nuestro Señor en ellos, y con cuanta limpieza de almas.

Al presente estoy en Toledo. Habrá un año por la víspera de nuestra Señora de marzo que llegué aquí; aunque desde aquí fui a una villa de Ruigómez, que es príncipe de Éboli, a donde se fundó un monasterio de frailes, y otro de monjas, y están harto bien. Torné aquí por acabar de dejar esta casa puesta en concierto, que lleva manera de ser casa muy principal. Y he estado harto mejor de salud este invierno; porque el temple de esta tierra es admirable, que a no haber otros inconvenientes (porque no lo sufre tener vuestra merced aquí asiento por sus hijos) me da gana algunas veces de que se estuviera aquí, por lo que toca al temple de la tierra. Más lugares hay en tierra de Ávila donde vuestra merced podrá tener asiento para los inviernos, que ansí lo hacen algunos. Por mi hermano Jerónimo de Cepeda lo digo, que antes pienso, cuando Dios le traiga, estará acá con más salud. Todo es lo que su majestad quiere: creo que ha cuarenta años que no tuve tanta salud, con guardar lo que todas, y no comer carne nunca sino a gran necesidad.

Habrá un año tuve unas cuartanas, que me han dejado mejor. Estaba en la fundación de Valladolid, que me mataban los regalos de la señora doña María de Mendoza, mujer que fue del secretario Cobos, que es mucho lo que me quiere. Ansí que cuando el Señor ve que es menester para nuestro bien da salud; cuando no enfermedad. Sea por todo bendito. Pena me dio ser la de vuestra merced en los ojos, que es cosa penosa. Gloria a Dios, que hay tanta mejoría.

Ya escribió Juan de Ovalle a vuestra merced cómo fue a Sevilla de aquí. Un amigo mío lo encaminó tan bien, que el mismo día que llegó, sacó la plata. Trájose aquí, a donde se darán los dineros a fin deste mes de enero. Delante de mí se hizo la cuenta de los derechos que han llevado: aquí la enviaré, que no hice poco yo entender estos negocios, y estoy tan baratona, y negociadora, que ya sé de todo, con estas casas de Dios, y de la Orden: y ansí tengo yo por suyos los de vuestra merced y me huelgo de entender en ellos. Antes que se me olvide: sepa que después que escribí a vuestra merced ahora, murió el hijo de Cueto harto mozo. No hay que fiar en esta vida. Ansí me consuela cada vez que me acuerdo, cuán entendido lo tiene vuestra merced.

En desocupándome de aquí, querría tornarme a Ávila, porque todavía soy de allí priora, por no enojar al obispo, que le debo mucho, y toda la Orden. De mí no sé qué hará el Señor, si iré a Salamanca, que me dan una casa; que aunque me canso, es tanto el provecho que hacen estas casas en el pueblo que están, que me encarga la conciencia haga las que pudiere. Favorécelo el Señor de suerte, que me anima a mí.

Olvidóseme de escribir en estotras cartas el buen aparejo que hay en Ávila, para criar bien esos niños. Tienen los de la Compañía un colegio, a donde les enseñan gramática, y los confiesan de ocho a ocho días, y hacen tan virtuosos, que es para alabar a nuestro Señor. También leen filosofía, y después teología en santo Tomás, que no hay que salir de allí para virtud, y estudios; y en todo el pueblo hay tanta cristiandad, que es para edificarse los que vienen de otras partes; mucha oración, y confesiones, y personas seglares, que hacen vida muy de perfección.

El bueno de Francisco Salcedo lo está. Mucha merced me ha hecho vuestra merced en enviar tan buen recaudo a Cepeda. No acaba de agradecerlo aquel santo, que no creo le levanto nada. Pedro de el Peso, el viejo, murió habrá un año; bien logrado fue. Ana de Cepeda ha tenido en mucho la limosna, que vuestra merced le hizo; con eso será bien rica, que otras personas le hacen bien, como es tan buena. No le faltaba adonde estar, sino que es extraña su condición, y no es para compañía. Llévala Dios por aquel camino, que nunca me he atrevido a meterla en una casa destas, y no por falta de virtud, sino que veo es lo que le conviene aquello; y ansí, ni con la señora doña María, ni con nadie, no estará, y está harto bien para su propósito. Parece cosa de ermitaña, y aquella bondad que siempre tuvo, y penitencia grande.

El hijo de la señora doña María, mi hermana, y de Martín de Guzmán, profesó, y va adelante en su santidad. Doña Beatriz, y su hija, ya he escrito a vuestra merced murió. Doña Madalena, que era la menor, está en un monasterio, seglar. Harto quisiera yo la llamara Dios para monja. Es harto bonita. Muchos años ha que no la vi. Ahora la traían un casamiento con un mayorazgo viudo; no sé en qué parará.

Ya he escrito a vuestra merced cuán a buen tiempo hizo la merced a mi hermana, que yo me he espantado de los trabajos de necesidad que le ha dado el Señor, y halo llevado tan bien, que ansí la quiera dar ya alivio. Yo no la tengo de nada, sino que me sobra todo; y ansí lo que vuestra merced me envía en limosna, dello se gastará con mi hermana, y lo demás en buenas obras; y será por vuestra merced. Por algunos escrúpulos que traía, me vino harto a buen tiempo algo dello: porque con estas fundaciones, ofrécenseme cosas algunas, que aunque más cuidado traigo, y es todo para ellas, se pudiera dar menos en algunos comedimientos de letrados (que siempre para las cosas de mi alma trato con ellos) en fin en naderías: y ansí me fue de harto alivio, por no los tomar de nadie, que no faltaría. Mas gusto tener libertad con estos señores, para decirles mi parecer. Y está el mundo tal de intereses, que en forma tengo aborrecido este tener. Y ansí no terné yo nada, sino con dar a la misma Orden algo, quedaré con libertad, que yo daré con ese intento: que tengo cuanto se puede tener del general, y provincial, ansí para tomar monjas, como para mudar, y para ayudar a una casa con lo de otras.

Es tanta la ceguedad que tienen en tener crédito de mí, que yo no sé cómo; y tanto el que yo tengo, para fiarme 1.000, y 2.000 ducados. Ansí, que a tiempo que tenía aborrecidos dineros, y negocios, quiere el Señor, que no trate en otra cosa, que no es pequeña cruz. Plegue a su majestad le sirva yo en ello, que todo se pasará.

En forma me parece he de tener alivio con tener a vuestra merced acá, que es tan poco el que me dan las cosas de toda la tierra, que por ventura quiere nuestro Señor tenga ese, y que nos juntemos entrambos, para procurar más su honra, y gloria, y algún provecho de las almas: que esto es lo que mucho me lastima, ver tantas pérdidas: y esos indios no me cuestan poco. El Señor les dé luz, que acá, y allá hay harta desventura: que como ando en tantas partes, y me hablan muchas personas, no sé muchas veces qué decir, sino que somos peores que bestias, pues no entendemos la gran dignidad de nuestra alma, y como la apocamos con cosas tan apocadas, como son las de la tierra. Denos el Señor luz.

Con el padre fray García de Toledo, que es sobrino del virrey, persona que yo echo harto menos para mis negocios, podrá vuestra merced tratar. Y si hubiere menester alguna cosa del virrey, sepa, que es gran cristiano el virrey, y fue harta ventura querer ir allá. En los envoltorios le escribía. También enviaba en cada uno reliquias a vuestra merced en el camino: harto querría llegasen allá.

No pensé alargarme tanto. Deseo que entienda la merced que le hizo Dios en dar tal muerte a la señora doña Juana. Acá se ha encomendado a nuestro Señor, y hecho las honras en todos nuestros monasterios; y espero en su majestad, que ya no lo ha menester. Mucho procura vuestra merced desechar esa pena. Mire, que es muy de los que no se acuerdan de que hay vida para siempre sentir tanto a los que van a vivir, salidos destas miserias. A mi hermano el señor Jerónimo de Cepeda, me encomiendo mucho, que tenga esta por suya. Mucho me alegra decirme, no tenía dada orden, para si pudiese, venir de aquí a algunos años, y querría, si pudiese, no dejase allá sus hijos; y si no que nos juntemos acá, y nos ayudemos, para juntarnos para siempre.

De las misas están dichas muchas, y se dirán las demás. Una monja he tomado sin nada, que aun la cama querría yo dar, y he ofrecido a Dios, por que me traiga a vuestra merced bueno, y a sus hijos. Encomiéndemelos. Otra ofrezco por el señor Jerónimo de Cepeda. Hartas tomo ansí, de que son espirituales: y ansí trae el Señor otras, con que se hace todo.

En Medina entró una con 8.000 ducados: y otra anda por entrar aquí, que tiene 9.000, sin pedirles yo nada: y son tantas, que son para alabar a Dios. En teniendo una oración, no quiere otra cosa, sino estas casas, a manera de decir, y no es el número más de trece en todas: porque como no se pide para nosotras, que es constitución, sino lo que nos traen al torno (comemos, que es demasiado) no se sufre ser muchas. Creo se ha de holgar mucho de ver estas casas. Son hoy 17 de enero. Año de 1570.

Indigna sierva de vuestra merced.
Teresa de Jesús, Carmelita.

Carta XXXI. Al mismo señor Lorenzo de Cepeda, hermano de la Santa

Jesús sea con vuestra merced. Da tan poco lugar Serna, que no querría alargarme, y no sé acabar, cuando comienzo a escribir a vuestra merced; y como nunca viene Serna, es menester tiempo.

Cuando yo escribiere a Francisco, nunca se la lea vuestra merced, que he miedo trae alguna melancolía, y es harto declararse conmigo. Quizá le da Dios esos escrúpulos, para quitarle de otras cosas, mas para su remedio, el bien que tiene es creerme.

El papel claro estaba lo había enviado, aunque yo hice mal en no decirlo. Dilo a una hermana que lo trasladase, y no lo ha podido más hallar. Hasta que de Sevilla envíen otro traslado, no hay remedio de llevarle.

Ya creo habrán dado a vuestra merced una carta, que por la vía de Madrid le envié; mas por si se ha perdido, habré de poner aquí lo que decía, que me pesa harto de embarazarme en esto. Lo primero, que me mire en la casa de Hernán Álvarez de Peralta, que ha tomado, me parece oí decir, que tenía un cuarto para caer: mírelo mucho.

Lo segundo, que me envíe la arquilla, y si hay algunos papeles más míos, fueron en los líos que me parece fue una talega con papeles, venga muy cosida. Si enviare doña Quiteria con Serna un envoltorio, que ha de enviar, dentro verná bien. Venga mi sello, que no puedo sufrir sellar con esta muerte, sino con quien querría que lo estuviese en mi corazón, como en el de san Ignacio. No abra nadie la arquilla (que pienso está aquel papel de oración en ella), si no fuere vuestra merced y sea de manera, que cuando algo viere, no lo diga a nadie. Mire que no le doy licencia para ello, ni conviene; que aunque a vuestra merced le parece sería servicio de Dios, hay otros inconvenientes por donde no se sufre, y basta; que si yo entiendo que lo dice vuestra merced guardaré de leerle nada.

Hame enviado a decir el nuncio, que le envíe traslado de las patentes, con que se han fundado estas casas, y cuántas son, y a dónde; y cuántas monjas, y de dónde, y la edad que tienen, y cuántas me parece serán para prioras: y están estas escrituras en esa arquilla, o no sé si talega: en fin he menester todo lo que ahí está. Dicen que lo pide para que quiere hacer la provincia. Yo he miedo, no quiera que reformen nuestras monjas otras partes, que se ha tratado otra vez, y no nos está bien; que ya en los monasterios de la Orden súfrese. Diga eso vuestra merced a la supriora, y que me envíe los nombres de las que son desa casa, y los años de las que ahora están, y lo que ha que son monjas, de buena letra en un cuadernillo de a cuartilla, y firmada de su nombre.

Ahora me acuerdo que soy priora de allí, y que lo puedo yo hacer; y ansí no es menester firmar ella, sino enviarme lo demás, aunque sea de su letra, que yo lo trasladaré. No hay para qué lo entiendan las hermanas. Mire vuestra merced cómo los envía, no se mojen los papeles, y envíe la llave.

Lo que digo está en el libro, es en el de Pater noster. Allí hallará vuestra merced harto de la oración que tiene, aunque no tan a la larga, como está en el otro. Paréceme en Adveniat regnum tuum. Tórnele vuestra merced a leer, al menos el Pater noster, quizá hallará algo que le satisfaga.

Antes que se me olvide: ¿cómo hace promesa, sin decírmelo? Donosa obediencia es esa. Hame dado pena, aunque contento la determinación. Mas me parece cosa peligrosa. Pregúntelo; porque de pecado venial, podría ser mortal, por la promesa. También lo preguntaré yo a mi confesor, que es gran letrado. Y bobería me parece; porque lo que yo tengo prometido, es con otros aditamentos: eso no lo osara yo prometer, porque sé que los apóstoles tuvieron pecados veniales. Solo nuestra señora no los tuvo. Bien creo yo que habrá tomado Dios su intención; mas paréceme cosa acertada, que se lo conmutasen luego en otra cosa; que con tomar Bula, si no la tiene, se puede hacer. Hágalo luego: este jubileo fuera bueno. Cosa tan fácil, que aun sin advertir mucho se puede hacer, Dios nos libre: pues Dios no puso más culpa en ello. Bien conoce nuestro natural. A mi parecer conviene remediarse luego, y no le acaezca más cosa de promesa, que es peligrosa cosa. No me parece es inconveniente tratar alguna vez de su oración, con los que se confiesa; que en fin están cerca, y le advertirán mejor de todo, y no se pierde nada.

El pesarle de haber comprado la Serna, hace el demonio; porque no agradezca a Dios la merced que le hizo en ello, que fue grande. Acabe de entender, que es por muchas partes mejor, y ha dado más que hacienda a sus hijos, que es honra.

Nadie lo oye, que no le parezca grande ventura. ¿Y piensa que en cobrar los censos, no hay trabajo? Un andar siempre con ejecuciones. Mire, que es tentación. No le acaezca más, sino alabar a Dios por ello. Y no piense, que cuando tuviera mucho tiempo, tuviera más oración. Desengáñese deso, que tiempo bien empleado, como es mirar por la hacienda de sus hijos, no quita la oración. En un momento da Dios más hartas veces, que con mucho tiempo; que no se miden sus obras por los tiempos.

Luego procure tener alguno en pasando estas fiestas, y entienda en sus escrituras, y póngalas como han de estar. Y lo que gastare en la Serna, es bien gastado, y cuando venga el verano, gustará de ir allá algún día. No dejaba de ser santo Jacob, por entender en sus ganados, ni Abrahán, ni san Joaquín, que como queremos huir del trabajo, todo nos cansa: que ansí hace a mí, y por eso quiere Dios, que haya bien en que me estorbe. Todas esas cosas trate con Francisco de Salcedo, que en eso temporal, yo le doy mis veces.

Harta merced de Dios es que le canse lo que a otros sería descanso. Mas no se ha de dejar por eso que hemos de servir a Dios como él quiere, y no como nosotros queremos. Lo que me parece que se puede excusar, es esto de granjerías: y por eso me he holgado en parte, que se lo deje a Dios en esto destas ganancias; que aun para eso del mundo, se debe perder algún poco. Creo vale más irse vuestra merced a la mano en dar, pues Dios le ha dado para que pueda comer, y dar, aunque no sea tanto. No llamo granjerías, lo que quiere hacer en la Serna, que está muy bien, sino en estotro de ganancias. Ya le digo, que en todas estas cosas siga el parecer de Francisco de Salcedo, y no andará en esos pensamientos; y siempre me le encomiende mucho, y a quien más quisiere. Y a Pedro de Ahumada, que bien quisiera tener tiempo para escribirle, por que me respondiera, que me huelgo con sus cartas.

A Teresa diga vuestra merced que no haya miedo quiera a ninguna, como a ella: que reparta las imágenes, y no las que yo aparté para mí, y que dé alguna a sus hermanos. Deseo tengo de verla. Devoción me hizo lo que escribió vuestra merced della a Sevilla, que enviaron acá las cartas, que no se holgaron poco las hermanas, que las leyeron en recreación, y yo también. Que quien saca a mi hermano de ser galán, será quitarle la vida; y como es con santas, todo le parece bien. Yo creo lo son estas monjas. En cada cabo me hacen confusión.

Gran fiesta tuvimos ayer con el nombre de Jesús: Dios se lo pague a vuestra merced. No sé que le envíe por tantas como me hace, sino esos villancicos que hice yo, que me mandó el confesor las regocijase, y he estado estas noches con ellas, y no supe cómo, sino ansí. Tienen graciosa tonada, si la atinare Francisquito para cantar. Mire si ando bien aprovechada. Con todo me ha hecho el Señor hartas mercedes estos días.

De las que hace a vuestra merced estoy espantada. Sea bendito para siempre. Ya entiendo por lo que se desea la devoción, que es bueno. Una cosa es desearlo, y otra pedirlo; mas crea que es lo mejor lo que hace, el dejarlo todo a la voluntad de Dios, y poner su causa en sus manos. Él sabe lo que nos conviene. Mas siempre procure ir por el camino que le escribí: mire, que es más importante de lo que entiende.

No será malo, cuando alguna vez despertare con esos ímpetus de Dios sentarse sobre la cama un rato, con que mire siempre tener el sueño, que ha menester su cabeza, que aunque no se siente, puede venir a no tener oración. Y mire, que procure no sufrir mucho frío, que para ese mal de hijada, no conviene. No sé para qué desea aquellos terrores, y miedos, pues le lleva Dios por amor. Entonces era menester aquello.

No piense, que siempre estorba el demonio la oración, que es misericordia de Dios quitarla algunas veces. Y estoy por decir, que casi es tan gran merced, como cuando da mucha, por muchas razones que no tengo lugar de decir. La oración, que Dios le da es mayor sin comparación que el pensar en el infierno, y ansí no podrá, aunque quiera, ni lo quiera, que no hay para qué.

Hecho me han reír algunas de las respuestas de las hermanas. Otras están extremadas, que me han dado luz de lo que es; que no piense, que yo lo sé. No hice más que decírselo acaso a vuestra merced sobre lo que le diré, de que le vea, si Dios fuere servido.

La respuesta del buen Francisco de Salcedo me cayó en gracia. Es su humildad por un término extraño, que le lleva Dios de suerte con temor, que aun podría ser no le parecer bien hablar en estas cosas desta suerte. Hémonos de acomodar con lo que vemos en las almas. Yo le digo, que es santo; mas no le lleva Dios por el camino que a vuestra merced. En fin, llévale como a fuerte, y a nosotros como a flacos. Harto para su humor respondió.

Torné a leer su carta. No entendí el quererse levantar la noche que dice, sino sentado sobre la cama. Ya me parecía mucho, porque importa el no faltar el sueño. En ninguna manera se levante, aunque sienta fervor; y si duerme más, no se espante del sueño. Si oyera lo que decía fray Pedro de Alcántara sobre eso, no se espantara, aun estando despierto.

No me cansan sus cartas, que me consuelan mucho, y ansí me consolara poderle escribir más a menudo; mas es tanto el trabajo que tengo, que no podrá ser más a menudo; y aun esta noche me ha estorbado la oración. Ningún escrúpulo me hace, sino es pena de no tener tiempo. Dios nos le dé, para gastarle siempre en su servicio. Amén.

Terrible lugar es este para no comer carne. Con todo pensaba yo, que ha años, que no me hallo tan buena como ahora: y guardo lo que todas, que es harto consuelo para mí. Hoy es segundo día del año.
Indigna sierva de vuestra merced.
Teresa de Jesús.
Pensé que nos enviara vuestra merced el villancico suyo; porque estos ni tienen pies, ni cabeza, y todo lo cantan. Ahora se me acuerda uno que hice una vez, estando con harta oración, y parecía que descansaba más. Eran (ya no sé si eran ansí) y por que vea que desde acá le quiero dar recreación.

    ¡Oh hermosura, que excedéis,
    ¡Oh nudo, que ansí juntáis
    A todas las hermosuras!
    Dos cosas tan desiguales!
    Sin herir, dolor hacéis;
    No sé por qué os desatáis:
    Y sin dolor, deshacéis
    Pues atado, fuerza dais,
    El amor de las criaturas.
    A tener por bien los males.
    Quien no tiene ser, juntáis
    Con el ser que no se acaba:
    Sin acabar, acabáis:
    Sin tener que amar, amáis:
    Engrandecéis nuestra nada.

No se me acuerda más. ¡Qué seso de fundadora! Pues yo le digo, que me parecía estaba con harto, cuando dije esto. Dios se lo perdone, que me hace gastar tiempo: y pienso le ha de enternecer esta copla, y hacerle devoción; y esto no lo diga a nadie. Doña Guiomar y yo andábamos juntas en este tiempo. Dele mis encomiendas.

Carta XXXII. Al mismo señor Lorenzo de Cepeda, hermano de la Santa

Jesús sea con vuestra merced. Cuanto a lo del secreto, de lo que me toca, no digo que sea de manera que obligue a pecado; que soy muy enemiga desto, y podríase descuidar: basta que sepa que me dará pena. Lo de la promesa ya me había dicho mi confesor, que no era válida, que me holgué harto; que me tenía con cuidado también.

De la obediencia que me tiene dada le dije, que me ha parecido sin camino. Dice que bien está; mas que no sea promesa a mí, ni a nadie; y ansí no la quiero con promesas, y aun lo demás se me hace de mal; mas por su consuelo paso por ello, a condición que no la prometa a nadie. Holgádome he, que vea que le entiende el padre fray Juan de la Cruz, como tiene experiencia: y aun Francisco tiene algún poco; mas no lo que Dios hace con vuestra merced. Bendito sea por siempre sin fin. Bien está con entrambos ahora.

Bueno anda nuestro Señor. Paréceme que quiere mostrar su grandeza en levantar gente ruin, y con tantos favores, que no sé qué más ruin que entrambos. Sepa que ha más de ocho días, que ando de suerte, que a durarme, pudiera mal acudir a tantos negocios. Desde antes que escribiese a vuestra merced me han tornado los arrobamientos, y hame dado pena; porque es, cuando han sido, algunas veces en público, y ansí me ha acaecido en Maitines. Ni basta resistir, ni se puede disimular. Quedo tan corridísima, que me querría meter no sé dónde. Harto ruego a Dios se me quite esto en público; pídaselo vuestra merced que trae hartos inconvenientes, y no me parece es más oración. Ando estos días como un borracho en parte: al menos se entiende bien, que está el alma en buen puesto: y ansí como las potencias no están libres, es penosa cosa entender en más de lo que el alma quiere.

Había estado antes casi ocho días, que muchas veces ni un buen pensamiento no había remedio de tener, sino con una sequedad grandísima. Y en forma me daba en parte gran gusto; porque había andado otros días antes como ahora; y es gran placer ver tan claro lo poco que podemos de nosotros. Bendito sea el que todo lo puede. Amén. Harto he dicho. Lo demás no es para carta, ni aun para decir. Bien es alabemos a nuestro Señor el uno por el otro; al menos vuestra merced por mí, que no soy para darle gracias las que le debo, y ansí he menester mucha ayuda.

De lo que vuestra merced dice que ha tenido, no sé que me diga, que cierto es más de lo que entenderá, y principio de mucho bien, si no lo pierde por su culpa. Ya he pasado por esa manera de oración, y suele después descansar el alma, y anda a las veces entonces con algunas penitencias. En especial, si es ímpetu bien recio, no parece se puede sufrir, sin emplearse el alma en hacer algo por Dios; porque es un toque, que da al alma de amor, en que entenderá vuestra merced si va creciendo: lo que dice no entiende de la copla; porque es una pena grande y dolor, sin saber de qué, y sabrosísima. Y aunque en hecho de verdad es herida que da el amor de Dios en el alma, no se sabe adónde, ni cómo, ni si es herida, ni qué es, sino siéntese dolor sabroso, que hace quejar. Y ansí dice:

    Sin herir, dolor hacéis: Y sin dolor deshacéis

El amor de las criaturas. Porque cuando de veras está tocada el alma deste amor de Dios, sin pena ninguna se quita el que se tiene a las criaturas (digo de arte que esté el alma atada a ningún amor) lo que no se hace estando sin este amor de Dios: que cualquiera cosa de las criaturas, si mucho se aman, da pena; y apartarse dellas, muy mayor. Como se apodera Dios en el alma, vala dando señorío sobre todo lo criado. Y aunque se quita aquella presencia, y gusto (que es de lo que vuestra merced se queja) como si no hubiese pasado nada, cuanto a estos sentidos sensuales, que quiso Dios darles parte del gozo del alma, no se quita della, ni deja de quedar muy rica de mercedes, como se ve después, andando el tiempo en los afectos.

Desas tribulaciones después ningún caso haga. Que aunque eso yo no lo he tenido, porque siempre me libró Dios por su bondad desas pasiones, entiendo debe de ser, que como el deleite del alma es tan grande, hace movimiento en el natural. Irase gastando con el favor de Dios, como no haga caso dello. Algunas personas lo han tratado conmigo. También se quitarán esos estremecimientos; porque el alma, como es novedad, espántase, y tiene bien de que se espantar: como sea más veces, se hará hábil para recibir mercedes. Todo lo que vuestra merced pudiere, resista esos estremecimientos, y cualquier cosa exterior, por que no se haga costumbre, que antes estorba, que ayuda.

Eso del calor, que dice que siente, ni hace, ni deshace; antes podrá dañar algo a la salud, si fuere mucho; mas también quizá se irá quitando, como los estremecimientos. Son esas cosas (a lo que yo creo) como son las complexiones: y como vuestra merced es sanguíneo, el movimiento grande de espíritu, con el calor natural, que se recoge a lo superior, y llega al corazón, puede causar eso; mas como digo, no es por eso más la oración.

Ya creo he respondido al quedar después, como si no hubiese pasado nada. No sé si lo dice ansí san Agustín: Que pasa el espíritu de Dios sin dejar señal, como la saeta, que no la deja en el aire. Ya me acuerdo que he respondido a esto: que han sido multitud de cartas las que he tenido después que recibí las de vuestra merced y aun tengo ahora por escribir cartas, por no haber tenido tiempo para hacer esto.

Otras veces queda el alma, que no puede tornar en sí en muchos días; sino que parece como el Sol, que los rayos dan calor, y no se ve el Sol: ansí parece que el alma tiene el asiento en otro cabo, y anima al cuerpo, no estando en él, porque está alguna potencia suspendida.

Muy bien va en el estilo que lleva de meditación, gloria a Dios, cuando no tiene quietud digo. No sé si he respondido a todo; que siempre torno otra vez a leer su carta, que no es poco tener tiempo, y ahora no, sino a remiendos la he tornado a leer. Ni vuestra merced tome ese trabajo en tornar a leer las que me escribe. Yo jamás lo hago. Si faltaren letras, póngalas allá, que ansí haré yo acá a las de vuestra merced que luego se entiende lo que quiere decir: que es perdido tiempo sin propósito.

Para cuando no se pudiere bien recoger al tiempo que tiene oración, o cuando tuviere gana de hacer algo por el Señor, le envío ese silicio, que despierta mucho el amor; a condición, que no se le ponga después de vestido, ni para dormir. Puédese asentar sobre cualquiera parte, y ponerle, que dé desabrimiento. Yo lo hago con miedo. Como es tan sanguíneo, cualquiera cosa podría alterar la sangre, sino que es tanto el contento que da (aunque sea una nadería como esa) hacer algo por Dios, cuando se está con ese amor, que no quiero lo dejemos de probar. Como pase el invierno, hará otra alguna cosilla, que no me descuido. Escríbame cómo le va con esa niñería. Yo le digo, que cuando más justicias queramos hacer en nosotros, acordándonos de lo que pasó nuestro Señor, lo es. Riéndome estoy, cómo él me envía confites, regalos, y dineros, y yo silicios.

Nuestro padre visitador anda bueno, y visitando las casas. Es cosa que espanta cuán sosegada tiene la provincia, y lo que le quieren. Bien le lucen las oraciones, y la virtud, y talentos, que Dios le dio. Él sea con vuestra merced y me le guarde, que no sé acabar cuando hablo con él. Todos se le encomiendan mucho. Yo a él. A Francisco de Salcedo siempre le diga mucho de mí. Tiene razón de quererle, que es santo. Muy bien me va de salud. Hoy son 17 de enero.

Indigna sierva de vuestra merced.

Teresa de Jesús.

Al obispo envié a pedir el libro, porque quizá se me antojará de acabarle, con lo que después me ha dado el Señor, que se podría hacer otro, y grande, y si el Señor quiere acertase a decir, y si no poco se pierde.

Carta XXXIII. Al mismo señor Lorenzo de Cepeda, hermano de la Santa

Jesús sea con vuestra merced. Ya estuve buena de la flaqueza del otro día: y después pareciéndome que tenía mucha cólera, con miedo de estar con ocasión la Cuaresma para no ayunar, tomé una purga, y aquel día fueron tantas las cartas, y negocios, que estuve escribiendo hasta las dos, y hízome harto daño a la cabeza, que creo ha de ser para provecho; porque me ha mandado el doctor, que no escriba jamás, sino hasta las doce, y algunas veces no de mi letra. Y cierto ha sido el trabajo excesivo en este caso este invierno, y tengo harta culpa: que por no me estorbar la mañana, lo pagaba el dormir; y como era el escribir después del vómito, todo se juntaba. Aunque este día desta purga ha sido notable el mal; mas parece que voy mejorando: por eso no tenga vuestra merced pena, que mucho me regalo. Helo dicho, porque si alguna vez viere allá vuestra merced alguna carta no de mi letra, y las suyas más breves, sepa ser ésta la ocasión.

Harto me regalo cuanto puedo, y heme enojado de lo que me envió, que más quiero que lo coma vuestra merced que cosas dulces no son para mí, aunque he comido desto. No lo haga otra vez, que me enojaré. ¿No basta que no le regalo en nada?

Yo no sé qué Pater noster son estos que dice toma de disciplina, que yo nunca tal dije. Torne a leer mi carta, y veralo; y no tome más de lo que allí dice en ninguna manera, salvo que sean dos veces en la semana. Y en Cuaresma se pondrá un día en la semana el silicio; a condición, que si viere le hace mal, se lo quite: que como es tan sanguíneo, témole mucho. Y no le consiento más; porque le será más penitencia darse tan tasadamente después de comenzado, que es quebrar la voluntad. Hame de decir si se siente mal con el silicio, de que se le ponga.

Esa oración de sosiego, que dice, es oración de quietud, de lo que está en ese librillo. En lo desos movimientos sensuales, para probarlo todo se lo dije; que bien veo no hace al caso, y que es lo mejor no hacer caso dellos. Una vez me dijo un gran letrado, que había venido a él un hombre afligidísimo, que cada vez que comulgaba venía en una torpeza grande, más que eso mucho; y que le habían mandado que no comulgase, sino de año a año, por ser de obligación. Y este letrado, aunque no era espiritual, entendió la flaqueza; y díjole, que no hiciese caso dello, que comulgase de ocho a ocho días, y como perdió el miedo, quitósele. Ansí que no haga caso deso.

Cualquiera cosa puede hablar con Julián de Ávila, que es muy bueno. Díceme que se va con vuestra merced, y yo me huelgo. Véale vuestra merced alguna vez: y cuando le quisiere hacer alguna gracia, puede por limosna, que es muy pobre, y harto desasido de riquezas: a mi parecer es de los buenos clérigos, que hay ahí, y bien es tener conversaciones semejantes, que no ha de ser todo oración.

En el dormir vuestra merced digo, y aun mando, que no sean menos de seis horas. Mire que es menester los que hemos ya edad llevar estos cuerpos, para que no derruequen el espíritu, que es terrible trabajo. No puede creer el disgusto que me da estos días, que ni yo oso rezar, ni leer, aunque como digo, estoy ya mejor; mas quedaré escarmentada. Yo se lo digo, y ansí haga lo que le mandan, que con eso cumple con Dios. ¡Qué bobo es! Que piensa que es esa oración, como la que a mí no me dejaba dormir. No tiene que ver, que harto más hacía yo para dormir, que por estar despierta.

Por cierto que me hace alabar harto a nuestro Señor las mercedes que le hace, y con los efectos que queda. Aquí verá cuán grande es, pues le deja con virtudes, que no acabara de alcanzarlas con mucho ejercicio. Sepa que no está la flaqueza de la cabeza en comer, ni en beber: haga lo que le digo. Harta merced me hace nuestro Señor en darle tanta salud. Plegue a su majestad que sea muchos años, para que lo gaste en su servicio.

Este temor, que dice, entiendo cierto debe de ser, que el espíritu entiende el mal espíritu: y aunque con los ojos corporales no lo vea, débele de ver el alma, o sentir. Tenga agua bendita junto a sí, que no hay cosa con que más huya. Esto me ha aprovechado muchas veces a mí. Algunas no paraba en solo miedo, que me atormentaba mucho, esto para sí solo. Mas si no le acierta a dar el agua, bendita, no, huye; y ansí es menester echarla alrededor.

No piense que le hace Dios poca merced en dormir tan bien, que sepa es muy grande. Y torno a decir, que no procuro que se le quite el sueño, que ya no es tiempo deso.

Mucha caridad me parece querer tomar los trabajos, y dar los regalos; y harta merced de Dios, que pueda aún pensar en hacerlo. Mas por otra parte es mucha bobería, y poca humildad, que piense él, que podrá pasar con tener las virtudes que tiene Francisco de Salcedo, o las que Dios da a vuestra merced sin oración. Créame, y dejen hacer al Señor de la viña, que sabe lo que cada uno ha menester. Jamás le pedí trabajos interiores, aunque él me ha dado hartos, y bien recios en esta vida. Mucho hace la condición natural, y los humores, para estas aflicciones. Gusto que vaya entendiendo el dese santo, que querría le llevase mucho la condición.

Sepa que pensé lo que había de ser de la sentencia, y que se había sentir; mas no se sufría responder en seso; y si lo miró vuestra merced no deje de loar algo de lo que dijo: y a la respuesta de vuestra merced para no mentir, no pudo decir otra cosa, y lo digo. Cierto que estaba la cabeza tal, que aun eso no sé cómo se dijo, según aquel día habían cargado los negocios, y cartas, que parece los junta el demonio algunas veces, y ansí fue la noche de la purga, que me hizo mal. Y fue milagro no enviar al obispo de Cartagena una carta que escribía a la madre del padre Gracián, que erré el sobrescrito, y estaba ya en el pliego, que no me harto de dar gracias a Dios: que le escribía sobre que ha andado con las monjas de Caravaca su provisor, y nunca le he visto; parecía una locura. Quitaron les dijesen misa. Ya esto está remediado, y lo demás creo se hará bien, que es, que admita el monasterio. No puede hacer otra cosa; y van algunas cartas de favor con las mías. ¿Mire qué bien fuera? ¿Y el haberme yo ido de aquí?

Todavía traemos miedo a este Tostado, que torna ahora a la corte: encomiéndelo a Dios. Esa carta de la priora de Sevilla lea. Yo me holgué con la que me envió de vuestra merced y con la que escribió a las hermanas, que cierto tiene gracia.

Todas besan a vuestra merced las manos muchas veces, y se holgaron harto con ella, y mi compañera mucho, que es la de los cincuenta años, digo la que vino de Malagón con nosotros, que sale en extremo buena, y es bien entendida. Al menos para mi regalo es el extremo que digo; porque tiene gran cuidado de mí.

La priora de Valladolid me escribió cómo se hacía en el negocio todo lo que se podía hacer, que estaba allá Pedro de Ahumada. Sepa que el mercader que en ello entiende creo lo hará bien: no tenga pena. Encomiéndemelo, y a los niños, en especial a Francisco: deseo tengo de verlos. Bien hizo en que se fuese esa persona, aunque no hubiera ocasión, que no hacen sino embarazarse, cuando son tantas. A doña Juana, a Pedro Álvarez, y a todos me dará siempre muchos recados. Sepa, que tengo harto mejor la cabeza, que cuando comencé la carta: no sé si lo hace lo que me huelgo de hablar con vuestra merced.

Hoy ha estado acá el doctor Velázquez, que es el mi confesor. Tratele lo que dice de la plata, y tapicería; porque no querría, que por no le ayudar yo, dejase de ir muy adelante en el servicio de Dios; y ansí en cosas no me fío de mi parecer, aunque en esto era él del mismo. Dice, que eso no hace, ni deshace, como vuestra merced procure ver lo poco que importa, y no estar asido a ello: que es razón, pues ha de casar sus hijos, tener casa como conviene. Y ansí, que ahora tenga paciencia, que siempre suele Dios traer tiempo para cumplir los buenos deseos, y ansí hará a vuestra merced. Dios me le guarde, y haga muy santo. Amén. Son hoy 10 de febrero. Y yo

Sierva de vuestra merced.

Teresa de Jesús.

Carta XXXIV. Al mismo señor Lorenzo de Cepeda,
hermano de la Santa

La gracia de Cristo sea con vuestra merced. En forma me ha cansado a mí acá ese pariente. Ansí se ha de pasar la vida: y pues los que de razón habíamos de estar tan apartados del mundo, tenemos tanto que cumplir con él, no se espante vuestra merced que con haber estado lo que aquí he estado, no he hablado a las hermanas (digo a solas) aunque algunas lo desean harto, que no ha habido lugar: y voyme (Dios queriendo) el jueves que viene sin falta. Dejaré escrito a vuestra merced, aunque sea corto, para que lleve la carta el que suele llevar los dineros. También los llevará.

Tres mil reales dicen están ya a punto, que me he holgado harto, y un cáliz harto bueno, que no ha menester ser mejor, y pesa 12 ducados, y creo 1 real, y 4 de hechura: que viene a ser 16 ducados, menos 3 reales. Es todo de plata: creo contentará a vuestra merced. Como esos que dice dese metal me mostraron uno, que tienen acá; y con no haber muchos años, y estar dorado, ya ha dado señal de lo que es, y una negrura por de dentro del pie, que es asco. Luego me determiné a no le comprar ansí: y pareciome, que comer vuestra merced en mucha plata, y para Dios buscar otro metal, que no se sufría. No pensé hallarle tan barato, y de tan buen tamaño: sino que este urguillas de la priora con un amigo que tiene, por ser para esta casa, lo ha andado concertando. Encomiéndase a vuestra merced mucho: y porque escribo yo, no lo hace ella. Es para alabar a Dios cual tiene esta casa, y el talento que tiene.

Yo tengo la salud que allá, y algo más. De los presentes es lo mejor hacer que no le vean. Más vale que dé la melancolía en eso (que no debe de ser otra cosa) que en otra peor.

Holgádome he que no se haya muerto Ávila. En fin, como es de buena intención, le hizo Dios merced de que le tomase el mal, a donde haya sido tan regalado.

De su enfado de vuestra merced no me espanto; mas espántome que tenga tanto deseo de servir a Dios, y se le haga tan pesada, cruz tan liviana. Luego dirá, que por servirle más no lo querría. ¡Oh hermano, cómo no nos entendemos! Que todo lleva un poco de amor propio. De las mudanzas de cruz no se espante, que eso pide su edad: y vuestra merced no ha de pensar (aunque no sea eso) que han de ser todos tan puntuales como él en todo. Alabemos a Dios, que no tiene otros vicios.

Estaré en Medina tres días, o cuatro, a mucho estar, y en Alba aún no ocho. Dos desde Alba a Medina, y luego a Salamanca. Por esa de Sevilla verá como han tornado a la priora a su oficio: que me he holgado harto. Si la quisiera escribir, envíeme la carta a Salamanca. Ya le he dicho tenga cuenta con ir pagando a vuestra merced que lo ha menester: yo terné cuidado.

Ya está en Roma fray Juan de Jesús. Los negocios de acá van bien. Presto se acabará. Vínose Montoya el canónigo, que hacía nuestros negocios a traer el capelo del arzobispo de Toledo. No hará falta. Véame vuestra merced al señor Francisco de Salcedo por caridad, y dígale cómo estoy. Harto me he holgado que esté mejor, de manera que pueda decir misa: que plegue a Dios esté del todo bueno; que acá estas hermanas le encomiendan a su majestad. Él sea con vuestra merced. Con María de san Jerónimo, si está para ello, puede hablar en cualquier cosa. Algunas veces deseo acá a Teresa, en especial cuando andamos por la huerta. Dios la haga santa, y a vuestra merced también. Dé a Pedro de Ahumada mis encomiendas. Fue ayer día de santa Ana. Ya me acordé acá de vuestra merced como es su devoto, y le ha de hacer, o ha hecho iglesia, y me holgué dello.

De vuestra merced sierva.

Teresa de Jesús.

Carta XXXV. A don Diego de Guzmán y Cepeda, sobrino de la Santa

Jesús

La gracia del Espíritu Santo sea con vuestra merced y le dé el consuelo que es menester, para tanta pérdida, como al presente nos parece. Mas el Señor que lo hace, y nos quiere más que nosotros mismos, traerá tiempos, que entendamos era esto lo que más bien puede hacer a mi prima, y a todos los que la queremos bien: pues siempre lleva en el mejor estado.

Vuestra merced no se considere vida muy larga, pues todo es corto lo que se acaba tan presto: sino advierta, que es un momento lo que le puede quedar de soledad, y póngalo todo en las manos de Dios, que su majestad hará lo que más convenga. Harto gran consuelo es ver muerte, que tan cierta seguridad nos pone, que vivirá para siempre. Y crea vuestra merced que si el Señor ahora la lleva, que terná mayor ayuda vuestra merced y sus hijos, estando delante de Dios. Su majestad nos oiga, que harto se le encomiendo, y a vuestra merced dé conformidad con todo lo que hiciere, y luz para entender cuan poco duran los descansos, y los trabajos desta vida.

Indigna sierva de vuestra merced.

Teresa de Jesús.

Carta XXXVI. Al licenciado Gaspar de Villanueva. En Malagón

Jesús sea con vuestra merced mi padre. Yo le digo, que si como tengo la voluntad de alargarme, tuviera la cabeza, que no fuera tan corta. Con la de vuestra merced la recibí muy grande. En lo que toca al negocio de su hermana, y hija mía, yo me huelgo no quede por su parte, y por la de vuestra merced. No sé qué algarabía es esta, ni en qué se funda la madre presidente. La madre priora Brianda, me escribió sobre ello: yo la respondo: paréceme que se haga lo que ella escribiere, si a vuestra merced le parece; y si no hágase lo que mandare, que yo no quiero hablar más en este negocio.

En lo que toca a la hermana Mariana, yo deseo haga profesión en su lugar; y como sepa decir los salinos, y esté atenta a lo demás, yo sé que cumple: por otras profesiones que han hecho ansí, por parecer de letrados, que ansí lo envió a decir a la madre presidente, si a vuestra merced no le parece otra cosa, y si le parece, yo me rindo a lo que vuestra merced mandare.

A la hermana Juana Bautista, y a Beatriz suplico a vuestra merced dé mis encomiendas: y que teniendo a vuestra merced no hay para qué ir a la madre con cosas interiores, pues les parece no quedan consoladas: que acaben ya de quejas, que no las mata esa mujer, ni tiene distraída la casa, ni las deja de dar lo que han menester; porque tiene mucha caridad. Ya las tengo entendidas: mas hasta que el padre visitador vaya por allá, no se puede hacer nada.

¡Oh mi padre, qué trabajo es ver tantas mudanzas en las desa casa! ¡Y qué de cosas les parecían insufribles de la que ahora adoran! Tienen la perfección de la obediencia con mucho amor propio, y ansí las castiga Dios en lo que ellas tienen la falta. Plegue a su majestad nos perficione en todo. Amén. Que muy en el principio andan esas hermanas; y si no tuviesen a vuestra merced no me espantaría tanto. Nuestro Señor le guarde. No me deje de escribir, que me es consuelo, y tengo poco en que le tener. 17 de abril.

Pensé responder a la hermana Mariana: y cierto que no está la cabeza para ello. Suplico a vuestra merced la diga, que si ansí obra como escribe, que aunque falte el muy bien leer, lo perdonaremos. Mucho me consoló su carta; que en respuesta envío la licencia para que haga la profesión: que aunque no sea en manos de nuestro padre si tarda mucho, no la deje de hacer, si a vuestra merced no le parece otra cosa; que buenas son las de vuestra merced para el velo: y no ha de hacer cuenta la hace sino en las manos de Dios, como ello es.

Indigna sierva, y hija de vuestra merced.

Teresa de Jesús.

Carta XXXVII. A Diego Ortiz, ciudadano de Toledo

El Espíritu Santo sea siempre en el alma de vuestra merced y le dé su santo amor, y temor. Amén. El padre doctor Pablo Hernández me ha escrito la merced, y limosna, que vuestra merced me hace en querer hacer casa desta sagrada Orden. Por cierto yo creo, que nuestro Señor, y su gloriosa Madre, Patrona, y Señora mía, han movido el corazón a vuestra merced para tan santa obra, en que espero se ha de servir mucho su majestad, y vuestra merced salir con gran ganancia de bienes espirituales. Plegue a él lo haga como yo, y todas estas hermanas se lo suplicamos, y de aquí adelante será toda la Orden. Ha sido para mí muy gran consolación, y ansí tengo deseo de conocer a vuestra merced para ofrecerme en presencia por su sierva, y por tal me tenga vuestra merced desde ahora.

Es nuestro Señor servido, que me han faltado las calenturas. Yo me doy toda la priesa que puedo a dejar esto a mi contento. Y pienso, con el favor de nuestro Señor, se acabará con brevedad. Y yo prometo a vuestra merced no perder tiempo, ni hacer caso de mi mal, aunque tornasen las calenturas, para dejar de ir luego, que razón es, pues vuestra merced lo hace todo, haga yo de mi parte lo que es nada, que es tomar algún trabajo; pues no habíamos de procurar otra cosa los que pretendemos seguir a quien tan sin merecerlo, siempre vivió con ellos.

No pienso tener sola una ganancia en este negocio: porque (según mi padre Paulo Hernández me escribe de vuestra merced) seralo muy grande conocerle, qué oraciones son las que me han sustentado hasta aquí; y ansí pido por amor de Dios a vuestra merced no me olvide en las suyas.

Paréceme, que si su majestad no ordena otra cosa, a más tardar estaré en ese lugar a dos semanas andadas de Cuaresma; porque como voy por los monasterios, que el Señor ha sido servido de fundar estos años (aunque de aquí despacharemos presto), me habré de detener algún día en ellos. Será lo menos que yo pudiere, pues vuestra merced lo quiere, aunque en cosa tan bien ordenada, y ya hecha, no tendré yo más de mirar, y alabar a nuestro Señor. Su majestad tenga a vuestra merced siempre de su mano, y le dé la vida, y salud, y aumento de gracia que yo lo pido. Amén. Son hoy 9 de enero.

Indigna sierva de vuestra merced.
Teresa de Jesús, Carmelita.

Carta XXXVIII. A Alonso Ramírez, ciudadano de Toledo
Sea con vuestra merced el Espíritu Santo; y pague a vuestra merced la consolación, que me dio con su carta. Vino a tiempo en que yo andaba con harto cuidado con quien escribir para dar cuenta a vuestra erced de mí, como a quien es razón no haga ninguna falta. Poco más tardaré de lo que dije en mi carta, porque yo digo a vuestra merced que no parece que pierdo hora; y ansí aún no he estado quince días en nuestro monasterio, después que nos pasamos a la casa; que fue con una procesión de harta solemnidad, y devoción: sea el Señor por todo bendito.

Estoy desde el miércoles con la señora doña María de Mendoza, que por haber estado mala no había podido verme, y tenía necesidad de comunicarle algunas cosas. Pensé estar solo un día; y ha hecho tal tiempo de frío, nieve, y hielo, que parece no se sufría caminar, y ansí he estado hasta hoy sábado. Partiré el lunes, con el favor de nuestro Señor, sin falta, para Medina; y allí, y en san José de Ávila, aunque más priesa me quiera dar, me detendré más de quince días, por haber necesidad de entender en algunos negocios, y ansí creo los tardaré más de lo que había dicho. Vuestra merced me perdonará, que por esta cuenta que le he dado, verá que no puedo más; no es mucha la dilación. Suplico a vuestra merced que en comprar casa no se entienda hasta que yo vaya, porque querría fuese a nuestro propósito; pues vuestra merced y el que esté en gloria nos hacen la limosna.

En lo de las licencias, la del rey tengo por fácil con el favor del cielo, aunque se pase algún trabajo, que yo tengo experiencia, que el demonio puede sufrir mal estas casas, y ansí siempre nos persigue; mas el Señor lo puede todo, y él se va con las manos en la cabeza.

Aquí habemos tenido una contradicción muy grande, y de personas de las principales que aquí hay; ya se ha todo allanado. No piense vuestra merced que ha de dar a nuestro Señor solo lo que piensa ahora, sino mucho más; y ansí gratifica su majestad las buenas obras, con ordenar como se hagan mayores, y no es nada dar los reales, que nos duele poco. Cuando nos apedreen a vuestra merced y al señor su yerno, y a todos los que tratamos en ello (como hicieron en Ávila casi, cuando se hizo san José) entonces irá bueno el negocio, y creeré yo, que no perderá nada el monasterio, ni los que pasaremos el trabajo, sino que se ganará mucho. El Señor lo guíe todo como ve que conviene. Vuestra merced no tenga ninguna pena. A mí me la ha dado, falte de ahí mi padre: si fuere menester, procuraremos que venga. En fin comienza ya el demonio. Sea Dios bendito, que si no le faltamos, no nos faltará.

Por cierto yo deseo harto ver va a vuestra merced que me pienso consolar mucho, y entonces responderé a las mercedes que me hace en su carta. Plegue a nuestro Señor halle yo a vuestra merced muy bueno, y a ese caballero yerno de vuestra merced en cuyas oraciones me encomiendo mucho, y en las de vuestra merced. Mire que lo he menester para ir por esos caminos con harto ruin salud, aunque las calenturas no me han tornado. Yo terné cuidado, y le tengo de lo que vuestra merced me manda, y estas hermanas lo mismo. Todas se encomiendan en las oraciones de vuestra merced. Téngale nuestro Señor siempre de su mano. Amén. Hoy sábado 19 de febrero. Fecha en Valladolid.

Indigna sierva de vuestra merced.

Teresa de Jesús, Carmelita.

Esa carta mande vuestra merced dar a mi señora doña Luisa de la Cerda, y muchas encomiendas mías. Al señor Diego de Ávila no tengo lugar de escribir, que aun la carta de mi señora doña Luisa no va de mi letra. Dígale vuestra merced de mi salud, suplícoselo; y que espero en el Señor verlo presto. No tenga vuestra merced pena de las licencias, que yo espero en el Señor se hará todo muy bien.

Carta XXXIX. En que consuela la Santa a una persona afligida con la muerte de su mujer

Jesús.

La gracia del Espíritu Santo sea con vuestra merced y le dé fuerzas espirituales, y corporales, para llevar tan gran golpe, como ha sido este trabajo; que a no ser dado de tan piadosa, y justa mano, no supiera con qué consolar a vuestra merced según a mí me ha lastimado. Mas como entiendo cuán verdaderamente nos ama este gran Dios, y sé que vuestra merced tiene ya bien entendido la miseria, y poca estabilidad desta miserable vida, espero en su majestad dará a vuestra merced más, y más luz, para que entienda la merced que hace nuestro Señor a quien saca della, conociéndole; en especial pudiendo estar cierto, según nuestra fe, que esta alma santa esta a donde recibirá el premio, conforme a los muchos trabajos que en esta vida ha tenido, llevados con tanta paciencia.

Esto he yo suplicado a nuestro Señor muy de veras, y hecho que lo hagan estas hermanas, y que dé a vuestra merced consuelo, y salud, para que comience a pelear de nuevo en este miserable mundo. Bienaventurados los que están ya en seguridad. No me parece ahora tiempo para alargarme más, sino es con nuestro Señor, en suplicarle consuele a vuestra merced, que las criaturas valen poco para semejante pena; cuanto más tan ruines como yo. Su majestad haga como poderoso, y sea en compañía de vuestra merced de aquí ade-

lante, de manera que no eche menos la muy buena que ha perdido. Es hoy víspera de la Transfiguración.
Indigna sierva, y súbdita de vuestra merced.
Teresa de Jesús.

Carta XL. A doña Isabel Jimena. En Segovia
Jesús.
El Espíritu Santo sea con vuestra merced siempre, y le dé gracia para entender lo mucho que vuestra merced debe al Señor; pues en peligros tan peligrosos (como son poca edad, hacienda, y libertad) la da luz para querer salir dellos; y lo que a otras almas suele espantar (que es penitencia, encerramiento, y pobreza) ha sido ocasión, para que vuestra merced entienda el valor de lo uno, y el engaño, y pérdida, que de seguir lo primero le podía venir. Sea el Señor por todo bendito, y alabado. Ocasión ha sido ésta, conque fácilmente me pudiera vuestra merced persuadir a que es muy buena, y capaz para hija de nuestra Señora, entrando en esta sagrada Orden suya. Plegue a Dios que vaya vuestra merced tan adelante en sus santos deseos, y obras, que no tenga yo que quejarme del padre Juan de León (de cuya información estoy satisfecha, que no quiero otra) y tan consolada de pensar que ha de ser vuestra merced una gran santa, que con sola su persona quedara muy satisfecha.

Pague el Señor la limosna que tiene determinado a hacer a donde entrare, que es mucha, y puede vuestra merced tener mucho consuelo, pues hace lo que el Señor aconseja, de darse a sí, y a lo que tiene a los pobres por su amor (Marc. 10; v. 21; Luc. 18, v. 22). Y para lo que vuestra merced tiene recibido, no me parece cumplía con menos, que lo que hace; y pues hace todo lo que puede, no hace poco, ni será pagado con poco precio.

Pues vuestra merced ha visto nuestras constituciones, y regla, no tengo que decir, sino que si va adelante vuestra merced con esta determinación, se venga a donde mandare, y a donde quisiere de nuestras casas, que en esto quiero servir a mi padre Juan de León, en que vuestra merced escoja. Verdad es, que querría tomase el hábito a donde yo estuviese; porque cierto deseo conocer a vuestra merced. Todo lo guíe nuestro Señor, como más le ha de servir, y ha de ser para gloria suya. Amén.

Indigna sierva de vuestra merced.

Teresa de Jesús, Carmelita.

Carta XLI. A unas señoras pretendientes del hábito de la reforma del Carmen

Jesús sea con vuestras mercedes. Su carta recibí. Siempre me da mucho contento saber de vuestras mercedes y ver como las tiene nuestro Señor en sus buenos propósitos; que no es pequeña merced, estando en esa Babilonia, a donde siempre oirán cosas, más para divertir el alma, que no para recogerla. Verdad es, que en buenos entendimientos, ver tantos, y tan diferentes sucesos, será parte para conocer la vanidad de todo, y lo poco que dura.

Los de nuestra Orden ha más de un año que andan de suerte, que a quien no entendiese las trazas de nuestro Señor, darían mucha pena. Mas viendo que todo es para purificarse más las almas, y que en fin ha de favorecer Dios a sus siervos, no hay de qué la tener, sino mucho deseo de que crezcan los trabajos, y alabar a Dios, que nos ha hecho tan gran merced, que padezcamos por la justicia. Y vuestras mercedes hagan lo mismo, y confíen en él, que cuando no se caten, verán cumplidos sus deseos. Su majestad las guarde con la santidad, que yo lo suplico. Amén.

Teresa de Jesús.

Carta XLII. A la madre Catalina de Cristo, priora de las Carmelitas descalzas de la santísima Trinidad de Soria

Jesús sea con vuestra reverencia, hija mía, y me la guarde. Sus cartas de vuestra reverencia he recibido, y con ellas mucho contento. En lo que toca a la cocina, y refitorio, bien me holgaría que se hiciese; mas allá lo vean mejor, hagan lo que quisieren della. La de Roque de Huerta me huelgo que sea bonita. Y en lo de la profesión desa hermana, bien me parece se detenga, hasta lo que vuestra reverencia dice, que niña es, y no importa. Ni se espante vuestra reverencia de que tenga algunos reveses, que de su edad no es mucho. Ella se hará, y suelen ser más mortificadas después, que otras. A la hermana Leonor de la Misericordia, que eso, y más deseo yo hacer en su servicio. Ojalá pudiera yo ir a su profesión, que lo hiciera de buena gana, y me diera más gusto, que otras cosas que tengo por acá.

En lo de la fundación, yo no me determinaré a que se haga, si no es con alguna renta; porque veo ya tan poca devoción, que habemos de andar ansí, y tan lejos de todas estotras casas no se sufre, si no hay buenas comodidades; que ya por acá unas con otras se remedian, cuando se ven en necesidad. Bien es que haya estos principios, y se trate, y se vaya descubriendo gente devota; que si ello es de Dios, él los moverá con más de lo que hay al presente.

Yo estaré poco en Ávila; porque no puedo dejar de ir a Salamanca, y allí me puede vuestra reverencia escribir; aunque si se hace lo de Madrid (que ando en esperanzas dello) más lo querría por estar más cerca de casa: encomiéndelo vuestra reverencia a Dios. En eso desa monja, que vuestra reverencia me escribe, si quisiese venir a Palencia, me holgaría; porque la han menester en aquella casa.

A la madre Inés de Jesús lo escribo, para que vuestra reverencia y ella se concierten. Y en los desos padres, me he holgado haga vuestra reverencia lo que pudiere con ellos, que es menester, y el bien, y el mal, y la gracia que les mostraremos. A la señora doña Beatriz le diga vuestra reverencia todo lo que le pareciere de mi parte, que harto la quisiera escribir a su merced, mas estamos de camino, y con tantos negocios, que no sé de mí. Dios se sirva de todo. Amén.

Y no piense vuestra reverencia que le digo, que se guarde la profesión por mayoría, ni memoria de una, ni de otra, que esos son unos puntos de mundo, que a mí me ofenden mucho, y no querría que vuestra reverencia mirase en cosas semejantes; mas por ser niña me huelgo, y porque se mortifique más: y si otra cosa se entendiese sino ésta, luego le mandaría dar la profesión porque la humildad que en ella profesamos, es bien que se parezca en las obras. A vuestra reverencia lo digo. Lo primero, porque entiendo de la hermana Leonor de la Misericordia, que su humildad no mira en uno, ni en otro destos puntos de mundo. Y siendo ansí, bien me huelgo se detenga esa niña más tiempo en profesar.

No me puedo alargar más, porque estamos de camino para Medina. Yo ando como suelo. Mis compañeras se encomiendan a vuestra reverencia. No ha mucho escribió Ana lo que había por acá. A todas me encomiendo mucho. Dios las haga santas, y a vuestra reverencia con ellas. Valladolid, y 15 de septiembre.

De vuestra reverencia sierva.

Teresa de Jesús.

Ya estamos en Medina, y tan ocupada, que no puedo decir más de que venimos bien. El detener la profesión a Isabel, sea con disimulación, que no entiendan es por mayoría; pues no es eso lo principal, porque se hace.

Carta XLIII. A la madre priora, y religiosas Carmelitas descalzas de la santísima Trinidad de Soria

Jesús.

La gracia del Espíritu Santo sea con vuestra reverencia y con todas vuestras caridades, hijas mías. Bien creerán quisiera yo escribir a cada una por sí; mas es tanta la barahúnda, que aún hago harto poderlas escribir juntas, y enviarles estos renglones: en especial, como andamos en vísperas de partirnos, aún hay menos lugar. Pidan a nuestro Señor se sirva de todo, en especial desta fundación de Burgos.

Mucho me consuelo con sus cartas, y más de entender por obras, y palabras la mucha voluntad, que me tienen. Bien creo, que aún quedan cortas en pagar lo que se debe a la mía: aunque en el socorro que ahora me han hecho, han estado muy largas. Como era grande la necesidad, helo tenido en muy mucho. Nuestro Señor les dará el premio, que bien parece le sirven, pues han tenido para poder hacer tan buena obra a estas monjas. Todas se lo agradecen mucho, y las encomendarán a nuestro Señor. Yo como lo hago tan contino, no tengo que ofrecer.

Heme holgado mucho, que los vaya tan bien en todo, en especial de que haya alguna ocasión, sin haberla dado, para que las murmuren, que es muy linda cosa; porque han tenido pocas en que merecer en esa fundación. De nuestro padre Vallejo no digo más, de que siempre nuestro Señor paga los servicios grandes, que hacen a su majestad, con crecidos trabajos; y como es tan gran obra la que en esa casa hace, no me espanto quiera dar en que gane más, y más méritos.

Miren mis hijas, cuando entre esa santa, es razón la madre priora, y todas la sobrelleven con comedimiento, y amor; que donde hay tanta virtud, no es menester apretar en nada, que basta ver lo que ellas hacen, y tener tan buen padre, que yo creo podrán deprender. Plegue a Dios las guarde, y dé salud, y tan buenos años, como yo le suplico.

De que la madre supriora esté mejor, me he holgado mucho. Si hubiere menester siempre carne, poco importa que la coma, aunque sea Cuaresma; que no se va contra la regla, cuando hay necesidad, ni en eso se aprieten. Virtudes pido yo a nuestro Señor me las dé, en especial humildad, y amor unas con otras, que es lo que hace al caso. Plegue a su majestad, que en esto las vea yo crecidas; y pidan lo mismo para mí. Víspera del rey David. Es hoy el día que llegamos a la fundación de Palencia.

De vuestras caridades sierva.

Teresa de Jesús.

A la hermana Teresa de Jesús, y a la madre supriora nos encomienden a Dios, que están en la cama, y bien mala la supriora.

Carta XLIV. A la hermana Leonor de la Misericordia, Carmelita descalza en el convento de la santísima Trinidad de Soria

Jesús.

Sea con vuestra merced el Espíritu Santo, mi hija. ¡Oh cómo quisiera no tener más cartas que escribir sino ésta! Para responder a vuestra merced a la que vino por la Compañía, y a esta. Créame, mi hija, que cada vez que veo carta de vuestra merced me es particular consuelo: por eso no la ponga el demonio en tentaciones, para dejarme de escribir. En la que vuestra merced trae de parecerle anda desaprovechada, ha de sacar grandísimo aprovechamiento. El tiempo le doy por testigo, porque la lleva Dios, como a quien tiene ya en su palacio, que sabe no se ha ya de ir, y quiérela ir dando más, y más que merecer. Hasta ahora puede ser que tuviese más ternuritas, como la quería Dios ya desasir de todo, y era menester.

Heme acordado de una santa, que conocí en Ávila, que cierto se entiende que lo fue su vida de tal. Habíalo dado todo por Dios cuanto tenía, y habíale quedado una manta con que se cubría, y diola también: y luego dale Dios un tiempo de grandísimos trabajos interiores, y sequedades; y después quejábasele mucho, y decíale: Donoso sois, Señor, ¿después que me habéis dejado sin nada os me vais? Ansí que, hija, destos es su majestad, que paga los grandes servicios con trabajos, y no puede ser mejor paga; porque la dellos es el amor de Dios.

Yo le alabo, que en las virtudes va vuestra merced aprovechada en lo interior. Deje a Dios en su alma, y esposa, que él dará cuenta della, y la llevará por donde más la conviene. Y también la novedad de la vida, y ejercicios parece hace huir esa paz; mas después viene por junto. Ninguna pena tenga. Préciese de ayudar a llevar a Dios la cruz, y no haga peso en los regalos: es de soldados civiles querer luego el jornal. Sirva de balde, como hacen los grandes al rey. El del cielo sea con ella. En lo de mi ida respondo a la señora doña Beatriz lo que hace al caso.

Esta su doña Josefa es buena alma cierto, y muy para nosotras; mas hace tanto provecho en aquella casa, que no sé si hace mal en procurar salir della: y ansí se lo defiendo cuanto puedo, y porque he miedo habemos de comenzar enemistades. Si el Señor lo quiere, ello se hará. A esos señores hermanos de vuestra merced que yo conozco, mis encomiendas. Dios la guarde, y haga lo que yo deseo.

De vuestra merced sierva.
Teresa de Jesús.

Carta XLV. A la hermana Teresa de Jesús, sobrina de la
santa, Carmelita descalza en san José Ávila

Jesús.

La gracia del Espíritu Santo sea con vuestra caridad, hija mía. Mucho me holgué con su carta: y de que le den contento las mías lo es harto para mí, ya que no podemos estar juntas. En lo que toca a las sequedades, paréceme que la trata ya nuestro Señor, como a quien tiene por fuerte; pues la quiere probar, para entender el amor que le tiene, si es también en las sequedades, como en los gustos. Téngalo por merced de nuestro Señor muy grande. Ninguna pena le dé, que no está en eso la perfección, sino en las virtudes. Cuando no pensare, tornará la devoción.

En lo que dice desa hermana, procure no pensar en ello, sino desvariarlo de sí. Y no piense que en viniendo una cosa al pensamiento, luego es malo, aunque ella fuese cosa muy mala: que eso no es nada. Yo también la querría con la sequedad a la misma, porque no sé si se entiende, y por su provecho podemos desear eso. Cuando algún pensamiento malo le viniere, santígüese, o rece un Pater noster, u dese un golpe en los pechos, y procure pensar en otra cosa; y antes será mérito, pues resiste.

A Isabel de san Pablo quisiera responder, y no hay lugar: dele mis encomiendas, que ya sabe ha de ser vuestra caridad la más querida. Don Francisco está como un ángel, y bueno. Ayer comulgó, y sus criados. Mañana vamos a Valladolid: desde allá le escribirá, que ahora no le he dicho deste mensajero. Dios os me guarde, mi hija, y haga tan santa como yo lo suplico. Amén. A todas me encomiendo. Es hoy día de san Alberto.

Teresa de Jesús.

    Carta XLVI. A la madre María la Bautista, Carmelita descalza, priora de la Concepción de Valladolid

Jesús.

Sea con vuestra reverencia el Espíritu Santo, mi hija. Por la carta del padre maestro fray Domingo verá lo que pasa, y cómo ha ordenado el Señor las cosas de manera, que no la pueda ver. Y yo le digo, que me pesa harto, harto: porque es una de las cosas que ahora me diera consuelo, y gusto. Mas también se pasará, como se pasan todas las cosas desta vida: y cuando desto me acuerdo, cualquier sinsabor se lleva bien.

A mi querida Casilda me encomiende mucho (por no la ver también me pesa) y a María de la Cruz. Otro día lo ordenará el Señor, que sea más despacio, que ahora pudiera ser. Procure por su salud (ya ve lo que va en ello, la pena que me da saber que no la tiene) y de ser muy santa; que yo le digo, que lo ha menester, para llevar el trabajo que ahí tiene. Yo no tengo ya cuartanas. Cuando el Señor quiere que haga algo, luego me da más salud.

Ireme al fin deste mes, que ya estoy con miedo, que no las he de dejar en su casa; porque se concertó con el cabildo darles luego 600 ducados, y tenemos un censo de una hermana muy bueno de seiscientos y treinta: ni sobre ello, ni quien lo tome, ni prestado, no hallamos nada. Encomiéndelo a Dios, que me holgaría mucho dejarlas en su casa. Si la señora doña María hubiera dado los dineros, muy bien les estaba tomarle, que está muy seguro, y bueno. Avíseme si esto se pudiese hacer: o si sabe quien le tome, o quien nos preste sobre buenas prendas, que valen más de 1.000: y encomiéndeme a Dios, pues he de ir tan largo camino, y en invierno.

Al fin deste me iré a la Encarnación, a mucho tardar. Si de aquí allá quiere mandar algo, escríbamelo. Y no le dé pena no me ver. Quizá la diera más verme tan vieja, y cansada. A todas mis encomiendas. A Isabel de san Pablo la quisiera ver. A todas nos han mortificado estos canónigos. Dios los perdone.

Si tiene por allá quien me preste algunos reales, no los quiero dados, sino mientras me pagan de los que mi hermano me dio, que ya dicen están cobrados, porque no llevo blanca; y para ir a la Encarnación, no se sufre: y aquí no hay ahora disposición, como de se ha acomodar la casa; poco, o mucho me los procure.

Gloria sea a Dios, que viene bueno mi padre fray Domingo. Si por dicha el padre maestro Medina acudiere por allá, haga darle esa carta mía, que piensa estoy enojada con él, según me dijo el padre provincial por una carta que me escribió: que es más para darle gracias, que para enojo. Poco ha que escribí a vuestra reverencia una carta, no sé si se la habrán dado. Mal lo hace en estar tanto sin escribirme, pues sabe lo que gusto con las suyas. Sea Dios con ella. Extrañamente me está dando pena no la haber de ver, que aún tenia esperanza. Es hoy 10 de septiembre.

De vuestra reverencia.

Teresa de Jesús.

Carta XLVII. A la misma madre María Bautista, priora de Valladolid, y sobrina de la Santa

Jesús.

La gracia del Espíritu Santo sea con ella, hija mía. Mañana se va el correo, y no la pensaba escribir, porque no había cosa buena que le decir, que ya el que estaba en la casa tiene por bien que nos vamos pasado mañana, que es día de san Felipe, y Santiago; por donde entiendo, que va ya el Señor queriendo aplacar en los trabajos.

Esta envíe a la madre priora de Medina luego en pudiendo, que estará con cuidado de una que le escribí, y estuve bien corta en encarecer trabajos. Sepa que después de la fundación de san José, ha sido todo nada en comparación de los que aquí he pasado. De que lo sepan, verán que tengo razón, que es misericordia de Dios si salimos con bien dellos: y ya se puede decir que sí. Bendito sea el Señor, que de todo saca bien: y yo de ver tanto junto he estado con un contento extraño. Y a no estar aquí mi hermano, cosa de la vida se pudiera hacer.

Él ha padecido harto, y con ánimo en gastar, y llevarlo todo, que nos hace alabar a Dios. Bien con razón lo quieren estas hermanas, que ninguna ayuda han tenido, sino darnos más trabajo. Ahora está retraído por nosotras: y fue gran ventura no le llevar a la cárcel, que es aquí como un infierno, y todo sin ninguna justicia, que nos piden lo que no debemos, y a él por fiador. Acabarse ha esto en yendo a la corte, que es una cosa sin camino, y él ha gustado de pasar algo por Dios. En el Carmen está con nuestro padre; que lo que llueve sobre él de trabajos, es como granizo. En fin que harto tengo yo que deshacerle los nuestros, que estos son los que más le han atormentado, y con razón.

Por que entiendan algo. Ya saben las cosas, que las escribí nos había levantado aquella que se fue: pues no son nada, para lo que nos fue a avisar. Ya lo entenderán. De mí le digo, que me hizo Dios una merced, que estaba como en un deleite. Con representárseme el gran daño, que a todas estas casas podía venir, no bastaba, que excedía el contento. Gran cosa es la seguridad de la conciencia, y estar libre.

La otra se entró en otro monasterio. Ayer me certificaron, que está fuera de juicio, y no de otra cosa, sino que se fue de acá. Mire qué grandes son los de Dios, que responde por la verdad; y ahora se entenderá ser todo desatino. Y tales eran lo que decía por ahí: que atábamos las monjas de pies, y manos, y las azotábamos; y pluguiera a Dios fuera todo como esto. Sobre este negocio tan grave, otras mil cosas, que ya veía yo claro que quería el Señor apretarnos, para acabarlo todo bien, y ansí lo quiso. Por eso no tengan pena ninguna; antes espero en el Señor nos podremos ir presto pasadas a la casa: porque los Franciscos no han venido más, y que vengan tomada la posesión, es todo nada.

Grandes almas son las que aquí están: y esta priora tiene un ánimo, que me ha espantado, harto más que yo. Paréceme que como me tienen aquí, ha sido ayuda, que a mí vierten los golpes. Tiene harto buen entendimiento. Yo le digo, que es extremada para el Andalucía, a mi parecer. ¿Y cómo si ha sido menester traerlas escogidas? Buena estoy, aunque no lo he estado mucho: este jarabe me da la vida. Nuestro padre anda achacoso; mas no con calentura. No sabe desta. Encomiéndelo a Dios, y que nos saque bien de todos estos negocios. Sí creo hará. ¡Oh qué año he pasado aquí!

Vengamos a sus consejos. Cuanto a lo primero de dones, todos los que tienen vasallos de Indias se lo llaman allá. Mas en viniendo, rogué yo a su padre no se lo llamasen, y le di razones. Ansí se hizo, que ya estaban quietos, y llanos. Cuando vino Juan de Ovalle, y mi hermana, no me bastó razón (no sé si era por soldar el de su hijo), y como mi hermano no estaba aquí, ni estuvo tantos días, ni yo con ellos, cuando vino dijéronle tanto, que no aprovechó nada. Y es verdad, que ya en Ávila no hay otra cosa, que es vergüenza. Y cierto a mí me dan en los ojos, por lo que a él le toca; que de mí nunca creo se me acordó, ni deso se le dé nada: que para otras cosas que dicen de mí, no lo es. Yo lo tornaré a decir a su padre, por amor della; mas creo no ha de haber remedio con sus tíos, y como ya están tan hechos a ello. Harto me mortifico cada vez que se lo oigo.

A lo de escribir Teresa a Padilla, no creo si no es a la priora de Medina, y a ella, por darlas contento, que ha escrito a nadie. A él creo una vez dos, o tres palabras. Hale dado que estoy lisiada por ella, y por mi hermano, y no hay sacárselo de la cabeza: y si había de estar, si fuera otra, según son. Mas mire que tanto, que con cuanto le debo, me he holgado de que esté retirado, por que no venga acá mucho. Y es verdad que embaraza él algo. Que aunque esté, en viniendo nuestro padre, o alguien, le digo que se vaya, y es como un ángel. No porque le dejo de querer mucho, que sí quiero; mas querríame ver sola de todo esto. Es ansí, piensen lo que pensaren, que poco va en ella.

Lo que dijo Padilla que era visitador, debía ser burlando. Ya le tengo conocido. Con todo eso ayuda mucho, y le debemos mucho. No hay nadie sin falta. ¿Qué quiere? Holgádome he, que esté contenta la señora doña María con esa licencia, mucho. Dígala gran cosa de mi parte, que por ser muy tarde no la escribo. Y que aunque me pesa que esté sin la señora duquesa, veo que quiere el Señor, que con solo él tenga compañía, y se consuele.

De Ávila no sé más de lo que ella me escribe. Dios sea con ella. A Casilda, y a todas me encomiendo, y a mi padre fray Domingo muy mucho. Harto quisiera dejara la ida de Ávila, para cuando yo estuviera ahí; mas pues él quiere que sea todo cruz, sea. No me deje de escribir. Esa monja, que dice tan buena, no la despida. ¡Oh si quisiera venir acá! Que querría traer algunas de allá, si pudiese. Miren, que a mi parecer no hay de qué tener pena ahora, que creo ha de hacerse todo bien.

No olvide de enviar esta carta a la madre priora de Medina, y que ella la envíe a la de Salamanca, y sea para todas tres. Dios me la haga santa. Yo confieso, que esta gente desta tierra no es para mí, y que me deseo ya ver en la de Promisión, si Dios es servido. Aunque si entendiese lo era más aquí, sé que me estaría de gana. El Señor lo remedie. Es hoy Domínica in albis.

De vuestra reverencia.

Teresa de Jesús.

A mi María de la Cruz, y a la supriora me encomiende. A mi María de la Cruz lea vuestra reverencia esta, todas nos encomienden a Dios.

Carta XLVIII. A la madre priora, y religiosas de la
Concepción de Valladolid

Jesús, María, José.

La gracia del Espíritu Santo sea con vuestra reverencia, madre mía, y con todas esas mis queridas hermanas. Quiéroles traer a la memoria, que desde que se hizo esa casa, nunca las he pedido, que reciban monja de balde, que me acuerde, ni cosa que sea de mucho tomo. Lo que no ha sido en otras: porque en algunas se han tomado; y con ser de balde, no por eso están peor, sino las mejor libradas. Ahora las quiero pedir una cosa, que están obligadas a hacer por el bien de la Orden, y otras algunas causas: y con ser para su provecho, lo quiero yo tomar a mi cuenta, y ellas la hagan de que me lo dan a mí: porque estoy con mucho cuidado de que no se pierda por falta de dineros, lo que para el servicio de Dios tanto importa, y para nuestro descanso.

Por esas cartas de Roma, que son de un padre Descalzo, que ha llegado allá, prior del Calvario, verán la priesa que da por 200 ducados. Entre los Descalzos, como no hay una cabeza, no pueden hacer nada. Para fray Juan de Jesús, y el prior de Pastrana, que también son idos allá, aunque no sé si han llegado, pudieron tan poco, que sin lo que yo les di, llevaron de Veas 150 ducados. Harto merced es de nuestro Señor, que en algunas de nuestras casas se pueda remediar esta necesidad: pues en fin es una vez en la vida. De Madrid me escribe el padre Nicolao, que ha hallado una persona, que por hacerle gran honra, tomará estos 200 ducados de los del dote de la hermana María de San José, conque desa casa se envíe carta de pago; y que aunque tarde en cobrarlos, se contenta con esto. Yo lo he tenido a gran dicha, y ansí les pido por caridad, que en llegando esta, llamen a un escribano, y dé fe de cómo ésta profesa, de manera que sea muy válida: porque sin esto no se puede hacer nada, y me la envíen luego con la carta de pago. No ha de venir junto, sino cada cosa de por sí. Ya ven lo que importa la brevedad.

Si les parece que es mucho; y que ¿por qué no dan todas las casas? Les digo, que cada una hace como la posibilidad tiene. La que no puede dar nada, como esta, no da nada. Por eso traemos todas un hábito, porque nos ayudemos unas a otras; pues lo que es de uno, es de todos: y harto da, el que da todo cuanto puede. Cuanto más que son tantos los gastos, que se quedarían espantadas. La hermana Catalina de Jesús lo puede decir: y si no lo proveen las casas, yo no lo puedo ganar, que estoy manca; y harto más siento andarlo a allegar, y a pedir: cierto que me es un tormento, que solo por Dios se puede sufrir.

Sin esto he de allegar 200 ducados, que tengo prometidos a Montoya el canónigo, que nos ha dado la vida. Y plegue a Dios que baste, y que se acabe con esto; que harta misericordia es, que sean los dineros parte, para tanta quietud. Esto que he dicho es cosa forzosa. Lo que ahora diré, es a su voluntad, y lo que me parece es razón, y será agradable a Dios, y al mundo.

Ya sabe, que la hermana María de san José recibieron ahí, por su hermano nuestro padre Gracián, de balde. Su madre, como tiene harta necesidad, detuvo su entrada ahí, hasta negociar esos 400 ducados, según he sabido; que pensó, que la caridad que habían hecho al padre Gracián, fuera adelante, y remediarse ella con eso, que como digo, tiene bien en que lo emplear. Ahora no me espanto haya sentido la falta: y es tan buena, que con todo no acaba de agradecer la caridad, que se le ha hecho. Los 100 ducados, ya sabe vuestra reverencia por la carta que le envié del padre maestro Gracián, que dice se descuente de lo que gastó su madre con ella: por donde la carta de pago ha de venir de 300 ducados. De la legítima hagan poco caso: porque todo lo que tienen son partidos del rey, y no renta: y en muriendo el secretario, quedan sin nada. Y cuando algo quedase, son tantos los hermanos, que no hay que hacer caso dello, y ansí me lo escribió ella después: no sé si guardé la carta; si la hallare, enviarela. En fin la carta de pago por lo menos ha de ir de los 300 ducados.

Lo que digo yo se hiciera bien, si fuese de todos 400, que no por eso dejará de enviar los otros 100, cuando se cobren. Y si no los enviare, bien merecidos los tiene en los tragos que ha pasado por su hijo, estos, y otros, que han sido terribles, desde que anda en estas visitas (dejado lo que se debe a nuestro padre Gracián) que de cuantas se han tomado en esta Orden de balde, mucha más razón es, que se haga algo por él.

Con la que está en Toledo, ni cama, ni ajuar, ni hábito, ni otra cosa ninguna pidieron las monjas, ni se lo dio. Y harto de buena gana tomaran la otra hermana (si quisiera entrar) desta suerte: porque les ha dado Dios tales condiciones, y talentos, que la querrían más que a otra con dote. En estos 100 ducados ya digo que hagan lo que les pareciere; en lo demás no se puede hacer otra cosa: porque la necesidad es mucha.

Lo que se ha de hacer, acabados los negocios es, que se mirará lo que cabe a cada casa, y se tornará a las que hubieren dado más, su dinero: y ansí hará a esa. Socorrámonos ahora como pudiéremos.

A la madre priora pido que no se pierda por ella lo que esas hermanas quisieren hacer: que estoy muy confiada, que no son ellas menos hijas de la Orden, que las demás, que hacen lo que pueden. Dios las haga tan santas, como yo se lo suplico. Amén.

En todo caso lea esta la hermana Catalina de Jesús a todas, porque me pesara mucho si se come nada della: y esotras cartas de Roma, que van aquí.

Su sierva.
Teresa de Jesús.

Carta XLIX. A la madre priora de las Carmelitas descalzas de Malagón

Jesús.

La gracia del Espíritu Santo sea con vuestra reverencia, hija mía. Bendito sea Dios, que han llegado acá cartas suyas, que no las deseaba poco: y en esto veo, que la quiero más que a otras muy parientas, y siempre me parece me escribe corto. Heme consolado mucho que tenga salud: désela el Señor, como yo le suplico. Harta pena me da tener ese tormento siempre, para ayuda a los que trae el oficio consigo, porque me parece es tan ordinaria ahora esa enfermedad, que ha menester mucho remedio. El Señor dé el que conviene.

¡Oh madre mía, cómo la he deseado conmigo estos días! Sepa, que a mi parecer, han sido los mejores de mi vida, sin encarecimiento. Ha estado aquí más de veinte días el padre maestro Gracián. Yo le digo, que con cuanto le trato, no he entendido el valor deste hombre. Él es cabal en mis ojos, y para nosotras, mejor que lo supiéramos pedir a Dios. Lo que ahora ha de hacer vuestra reverencia y todas, es, pedir a su majestad que nos le dé por perlado. Con esto puedo descansar del gobierno destas casas; que perfección con tanta suavidad, yo no la he visto. Dios le tenga de su mano, y le guarde, que por ninguna cosa quisiera dejar de haberle visto, y tratado tanto. Ha estado esperando a Mariano, que nos holgábamos harto tardase. Julián de Ávila está perdido por él, y todos. Predica admirablemente. Yo bien creo está muy mejorado de cuando ella le vio; que los grandes trabajos le habrán aprovechado mucho. Ha rodeado el Señor las cosas de suerte, que yo me parto el lunes que viene con el favor de Dios a Sevilla. Al padre fray Diego escribo más particularmente el cómo.

El fin es, que está esta casa en Andalucía: y como el padre maestro Gracián es provincial della, heme hallado su súbdita sin entenderlo, y como a tal me ha podido mandar. Ayudó, que ya estábamos para ir a Caravaca, que había dado el Consejo de Órdenes licencia, y viene de suerte, que no valió nada, y ansí se ha determinado se haga luego lo de Sevilla. Harto me consolara llevarla conmigo; mas veo es perderse esa casa dejarla ahora, con otros inconvenientes.

Pienso que antes que torne por acá el padre maestro, la verá; que lo ha enviado a llamar el nuncio, y cuando ésta llegue estará en Madrid. Yo estoy con harta más salud que suelo, y lo he estado por acá.

¡Cuán mejor verano tuviera con vuestra reverencia que en el fuego de Sevilla! Encomiéndenos al Señor, y dígalo a todas las hermanas, y deles mis encomiendas.

Desde Sevilla habrá más mensajeros, y nos escribiremos más a menudo; y ansí no más de que al padre rector, y al licenciado dé mis encomiendas mucho, y les diga lo que pasa, y que me encomienden a Dios. A todas las hermanas me encomiendo. Él le haga santa. Es hoy día de la Ascensión. San Jerónimo se le encomienda. Va a Sevilla, con otras cinco de harto buenos talentos, y la que va para priora harto para ello.

De vuestra reverencia sierva.

Teresa de Jesús.

No sé para qué se da tanta priesa para que haga profesión Juana Bautista. Déjala un poco más, que harto moza es. Y si le parece otra cosa, y está contenta della, hágalo; mas no me parecería mal que la probase más, que me pareció enferma.

Carta L. A la madre priora, y religiosas del convento de san José del Salvador de Veas

Jesús, María, José.

Abrasen las almas de mis amadas hijas del convento de Veas. Después que salí, no he tenido un punto de descanso. Sea mi Dios alabado. Por cumplir con lo que vuestra reverencia, mi madre priora, me mandó, y por consuelo de esas mis hijas, digo: que algo después que llegué a casa de la señora doña María Fajardo, me dio tan gran dolor por todo el cuerpo, que parecía que se me arrancaba el alma. Mas con todo esto me consolé mucho con ver a mi lado al glorioso san José, que lile consoló, y me dio ánimo para ir a cumplir la obediencia.

Hijas, mañana me partiré sin falta ninguna, aunque sé que el demonio lo siente mucho que vaya a donde voy; porque le quitaré la presa de dos almas, que las tiene asidas, y han de ser de servicio de la Iglesia.

Por tanto, mis hijas, acudan a Dios con sus oraciones, que me ayuden en esta ocasión; y procure mi madre priora, que dé el hábito para el jueves que viene a la hija del doctor; que lo que falta de dote, lo suple su virtud. Y le encomiendo esas enfermas. Regálelas mucho; y crea, mi madre, que el día que le faltaren enfermas, le faltará todo. A las hermanas, que comulguen por mí todo este mes, que soy mala: y mire que las engaño, no me crean. Mi compañera va enferma de los ojos, que lo siento mucho. Ahí las envío ese regalo de frutas, para que se alegren el jueves con la nueva hermana. Llámese María de san José. Dios las haga tan santas como deseo. De casa de doña María Fajardo. Hoy lunes, 6 de agosto.

Teresa de Jesús.

Carta LI. A las religiosas Carmelitas descalzas del convento de san José de Sevilla

Jesús.

La gracia del Espíritu Santo sea con vuestras caridades, hermanas, y hijas mías. Sepan que nunca tanto las amé, como ahora: ni ellas jamás han tenido tanto en qué servir a nuestro Señor, como ahora, que hace tan gran merced, que puedan gustar algo de su cruz, con algún desamparo del mucho que su majestad tuvo en ella (Mat. 27, v. 46, Marc. 15, v. 34). Dichoso el día en que entraron en ese lugar, pues les estaba aparejado tan venturoso tiempo. Harta envidia las tengo. Y es verdad, que cuando supe todas esas mudanzas (que bien encarecidamente se me significó todo, y que les querían echar desa casa, con otras algunas particularidades) que en lugar de darme pena, me dio un gozo interior grandísimo, de ver, que sin haber pasado la mar, ha querido nuestro Señor descubrirles unas minas de tesoros eternos, con que espero en su majestad, han de quedar muy ricas, y repartir con los que por acá estamos; porque estoy muy confiada en su misericordia, que las ha de favorecer a que todo lo lleven sin ofenderle en nada: que de sentirlo mucho, no se aflijan, que querrá el Señor darles a entender, que no son para tanto como pensaban, cuando estaban tan deseosas de padecer.

Ánimo, ánimo, hijas mías. Acuérdense, que no da Dios a ninguno más trabajos de los que puede sufrir: Fidelis autem est Deus, qui non patietur vos tentari supra id quod potestis (1, Cor. 10, v. 13); y que está su majestad con los atribulados: Cum ipso sum in tribulatione (Sal. 90, v. 15). Pues esto es cierto, no hay que temer, sino esperar en su misericordia, que ha de descubrir la verdad de todo: y que se han de entender algunas marañas, que el demonio ha tenido encubiertas, para revolver: de qué yo he tenido más pena, que tengo ahora de lo que pasan.

Oración, oración, hermanas mías: y resplandezca ahora la humildad, y obediencia, en que no habrá ninguna que más la tenga a la vicaria que han puesto, que vuestras caridades, en especial la madre priora pasada. ¡Oh qué buen tiempo, para que se coja fruto de las determinaciones que han tenido de servir a nuestro Señor! Miren que muchas veces quiere probar, si conforman las obras con ellas, y con las palabras (Mat. 8, v. 26; Marc. 4, v. 39; Luc. 8, v. 24). Saquen con honra a los hijos de la Virgen, y hermanos suyos en esta gran persecución, que si se ayudan, el buen Jesús las ayudará: que aunque duerme en la mar, cuando crece la tormenta, hace parar los vientos. Quiere que pidamos: y quiérenos tanto, que siempre busca en qué nos aprovechar. Bendito sea su nombre para siempre. Amén. Amén. Amén.

En todas estas casas las encomiendan mucho a Dios: y ansí espero en su bondad, que lo ha de remediar presto todo. Por eso procuren estar alegres, y considerar, que bien mirado, todo es poco lo que se padece por tan buen Dios, y por quien tanto pasó por nosotras, que aún no han llegado a verter sangre por él. Entre sus hermanas están, y no en Argel. Dejen hacer a su Esposo, y verán como antes de mucho se traga el mar a los que nos hacen la guerra, como hizo al rey Faraón (Exod. 14, v. 28), y dejará libre su pueblo, y a todos con deseo de volver a padecer, según se hallarán con ganancia de lo pasado.

Su carta recibí, y quisiera no hubieran quemado lo que tenían escrito; porque hubiera hecho al caso. Las mías que se dieron, se pudiera excusar, según dicen los letrados de por acá; mas poco va en ello. Pluguiera a la divina majestad, que todas las culpas cargaran sobre mí, aunque las penas de los que han padecido sin culpa, harto han cargado.

Lo que me ha dado mucha, fue venir en el proceso de la información, que ahí hizo el padre provincial algunas cosas, que sé yo que son grande falsedad, porque estaba yo entonces ahí. Por amor de nuestro Señor se miren mucho, si por miedo, o turbación alguna lo dijo; porque cuando no hay ofensa de Dios, todo es nada; más mentiras, y en perjuicio, mucho me ha lastimado. Aunque no acabo de creerlo, porque saben todos la limpieza, y virtud, con que el padre maestro Gracián trata con nosotras, y lo mucho que nos ha aprovechado, y ayudado a ir adelante en el servicio de nuestro Señor. Y pues esto es, aunque las cosas sean de poco tomo, es culpa levantarlas. Adviértanselo por caridad a esas hermanas: y quédense con la santísima Trinidad, que sea en su guarda. Amén.

Todas estas hermanas se les encomiendan mucho. Están esperando cómo cuando se acaben estos nublados lo ha de saber relatar todo la hermana san Francisco. A la buena Gabriela me encomiendo, y pido esté muy contenta, y que traiga muy presente la aflicción que habrá tenido en ver tratar ansí a la madre san José. A la hermana san Jerónimo he lástima, si sus deseos son verdaderos; y si no, habríasela más que a todas. Es mañana víspera de nuestra Señora de la Candelaria.

El señor García Álvarez quisiera harto más hablar, que escribir; y porque no puedo decir lo que querría por letra, no escribo a su merced. A las demás hermanas, que osaren decir desta, mis encomiendas.

Indigna sierva de vuestras caridades.
Teresa de Jesús.

Carta LII. A las mismas religiosas Carmelitas descalzas del convento de san José de Sevilla

Jesús.

La gracia del Espíritu Santo sea con vuestras caridades, hermanas, y hijas mías. Con sus renglones me consolé mucho, y quisiera harto responder a cada una por sí largo; mas el tiempo me falta, porque las ocupaciones me embarazan, y ansí perdonarán, y recibirán mi voluntad. Harto me consolara de conocer a las que han profesado, y entrado ahora. Sea mucho en horabuena el estar desposadas con tan gran Rey. Plegue a su majestad las haga tales como yo deseo, y le suplico, para que en aquella eternidad, que no tiene fin, se gocen con él.

A la hermana Gerónima, que se firmó del Muladar, digo, que plegue Dios no sea en solo la palabra esa humildad. Y a la hermana Gabriela, que recibí el san Pablo, que era muy lindo; y como se parecía a ella en lo chiquito, me cayó en gusto. Espero en Dios la ha de hacer grande en su acatamiento. A la verdad a todas parece quiere su majestad mejorarlas de las de por acá, pues las ha dado tan grandes trabajos, si no lo pierden por su culpa. Sea por todo lo alabado, que tan bien han acertado en su elección. Harto consuelo ha sido para mí.

Hallamos por acá por experiencia, que la primera, que pone el Señor en una fundación por mayor, parece la ayuda, y da más amor con el provecho de la casa, y con las hijas, que a las que vienen después: y ansí aciertan a aprovechar las almas. De mi parecer, mientras no hubiere cosa muy notable en la perlada que comienza, de mala, no la habían de mudar en estas cosas; porque hay más inconvenientes de lo que ellas podrán entender. El Señor les dé luz, para que en todo acierten a hacer su voluntad. Amén.

A la hermana Beatriz de la Madre de Dios, y a la hermana Margarita pido yo lo que antes de ahora he rogado a todas, que no traten más de cosas pasadas, si no fuere con nuestro Señor, o con el confesor, para que si en algo anduvieron engañadas, informando no con la llaneza, y caridad, que Dios nos obliga; que se miren mucho para tornar a tratar con claridad, y verdad. Lo que fuere menester satisfacción, que se haga, porque si no andarán desasosegadas, y nunca dejará el demonio de tentar. Como tengan contento al Señor, no hay que hacer ya caso de todo: que el demonio ha andado tal, rabiando, y procurando, que estos santos principios no fuesen adelante, que no hay que espantar, sino del mucho daño, que no ha hecho en todas partes.

Hartas veces permite el Señor una caída, para que el alma quede más humilde. Y cuando con rectitud, y conocimiento torna, va después aprovechando más en el servicio de nuestro Señor, como vemos en muchos santos. Ansí, que mis hijas, todas lo son de la Virgen, y hermanas, procuren amarse mucho unas con otras, y hagan cuenta que nunca pasó. Con todas hablo.

Yo he tenido más particular cuidado de encomendar a Dios a las que piensan me tiene enojada, y mas he estado lastimada, y lo estaré, si no hacen esto, que por amor del Señor se lo pido. A mi querida hermana Juana de la Cruz he traído muy delante de los ojos, que la figuro ha andado siempre mereciendo. Y que si tomó el nombre de Cruz, le ha caído buena parte; que me encomiende a nuestro Señor: y crea por sus pecados, ni los míos (que son harto mayores) no diera a todas la penitencia. A todas vuestras caridades pido lo mismo, y que no me olviden en sus oraciones, que me lo deben mucho más que las de por acá. Hágalas nuestro Señor tan santas, como yo deseo. Amén. Año de 1580.

De vuestras caridades sierva,
Teresa de Jesús, Carmelita.

Carta LIII. A la madre María de san José, priora de las Carmelitas descalzas del convento de san José de Sevilla

Jesús.

La gracia del Espíritu Santo sea con vuestra reverencia. ¡Oh cómo quisiera escribir muy largo! Sino que como escribo otras cartas, no tengo lugar. Al padre fray Gregorio he dicho escriba largo de todo el camino. El caso es, que hay poco que contar, porque venimos muy bien, y no con mucha calor; y llegamos buenos, gloria a Dios, el segundo día de Pascua. Hallé a la madre priora mejor, aunque no está del todo buena. Tenga mucho cuidado de que le encomienden a Dios. Holgádome he mucho con ella. Por caridad la pido, que me escriba por todas las vías que pudiere, para que yo sepa siempre cómo están. Encomiéndeme mucho a García Álvarez, y díganos del pleito, y de todo, y más de nuestro padre, si ha ya llegado.

Yo le escribo muy encargado, que no consienta coma ahí ninguna persona. Mire que no haga principio, si no fuere para él, que tiene tanta necesidad, y se podrá hacer sin que se entienda. Y ya que se entienda, hay diferencia de un perlado a súbdito; y vanos tanto en su salud, que todo es poco lo que podemos hacer. La madre priora enviará algún dinero con el padre fray Gregorio para esto, y lo que se ofreciere haber menester, que de veras le quiere mucho, y ansí lo hace de gana. Y es bien que él entienda esto: porque yo le digo, que ternán poca limosna, y que ansí podrá ser que se queden sin comer, si lo dan a otros. Yo deseo mucho, que ellas no tengan inquietud en nada, sino que sirvan mucho a nuestro Señor. Plegue a su majestad que sea ansí como yo se lo suplico. A la hermana san Francisco, que sea buena historiadora, para lo que pasare.

Como venía desa casa, háseme hecho esta peor. Trabajo harto tienen aquí estas hermanas. Teresa ha venido, especial el primer día, bien tristecilla: decía, que de dejar a las hermanas. En viéndose acá, como si toda su vida hubiera estado con ellas, de contento casi no cenó aquella noche que venimos. Heme holgado, porque creo es muy de raíz el ser aficionada a ellas. Con el padre fray Jerónimo tornaré a escribir. Ahora no más de que el Señor la guarde, y haga santa, para que todas lo sean. Amén. Es hoy viernes después de Pascua. Esta carta dé a nuestro padre a recaudo; y si no estuviere ahí, no se la envíe, sino con persona muy cierta, que importa. Año de 1576.

De vuestra reverencia.

Teresa de Jesús.

Teresa no la escribe, porque está ocupada. Dice ella que es priora, y se le encomienda mucho.

Carta LIV. A la misma madre María de san José, priora de Sevilla

Jesús sea con vuestra reverencia. Yo le digo, que le pago bien la soledad, que dice tiene de mí. Después de escrita la que va con esta recibí las suyas. Heme holgado tanto, que me enterneció, y caído en gracia sus perdones. Con que me quiera tanto, como yo la quiero, yo la perdono hecho, y por hacer; que la mayor queja que tengo della ahora, es lo poco que gustaba de estar conmigo. Y bien veo no tiene la culpa, y ansí lo dije a la madre priora de Malagón, sino que como quiso el Señor, que ahí tuviese tantos trabajos, y eso me diera alivio, ordenaba que se quitase.

Por cierto que a trueque de que queden vuestra reverencia y esas hermanas con algún descanso, los doy por bien empleados, aunque fueran muchos más. Y créame, que la quiero mucho, y que como yo vea en ella esta voluntad, lo demás es niñería, para hacer caso dello. Aunque allá, como había lo uno, y lo otro, y yo la trataba como a hija mía muy querida, harto se me hacía de mal no ver tanta llaneza, y amor. Mas con esta su carta todo se me ha quitado cierto, y quédase la voluntad: que es peor no tener esa defensa, para no ser tanta.

Infinito me he alegrado, de que se haya hecho todo tan bien. El concierto no deje de pasar adelante, aunque no haya mucha seguridad en lo porvenir; porque, es recia cosa andar con pleito, en especial al principio. Y siempre esté advertida, que será mejor el concierto, y que aunque tengamos justicia, es recia cosa pleitos.

Procuraremos pagar presto esto a mi hermano (digo lo de la alcabala) que harto cuidado traigo, y más que tenía ya un tanto desa casa. ¡Oh lo que él se ha holgado con sus cartas!

No acaba de decir de su discreción. Ellas venían buenas, sino que vuestra reverencia cuando quiere hacer mejor letra, la hace peor. Porque él, y Teresa escriben, no digo nada dellos.

Yo tenía escrito a mi padre prior de las Cuevas, y hoy he de escribir a Malagón sobre negocios, y a nuestro padre; y ansí será harto, si puedo aún responder a las hermanas, porque no me han dejado visitas.

Yo creo bien lo que hace el buen García Álvarez, porque su caridad es grande. Dígamele muchas cosas. Con la carta del padre prior me holgué. Harta merced me hacen mis amigos de hacerlo ansí con ellas. Mire que los conserve: y cuando se ofreciere alguna vez, haga algo por Mariano, y fray Antonio (que no querría tomasen desgracia con ella) como sea templadamente. Dios le perdone, que tal barahúnda, como se ha hecho en esos frailes, se pudiera excusar, y por otro camino concluir con ellos: harta pena tiene nuestro padre. Bueno está, y al nuncio le pareció bien, que no hubiese tornado allá.

No dirá que no la escribo hartas veces. Haga ella lo mismo, que me huelgo mucho con sus cartas. Ninguna cosa sabía de lo que allá pasaba; que nuestro padre escribe muy corto: no debe poder más. Dios sea con ella, y la haga muy santa. Gabriela me escribe, que no está buena (que después de haber escrito mucha desta, leí su carta) dice que del dolor del estómago. Plegue a Dios no sea más. No me acuerdo, a quién dejé encomendado, que tuviese cuenta con vuestra reverencia. Sea la supriora. Y mire que no deje de obedecerla, que tenga cuenta con su salud, por amor de mí; que me dará infinita pena, si le falta. Plegue al Señor se la dé, como yo le suplico. A su madre Beatriz, y a Delgado me encomiendo mucho. La priora a vuestra reverencia. Todas se han holgado de lo bien que les va. Siempre sea ansí. Ya creo he dicho que es día de la Visitación.

El clérigo vino estando en misa, y en diciéndola se fue. Ya le hablé: y si hubiera de estar aquí, le hiciera alguna gracia; sino que dijo traía compañía, y que por eso pasaba adelante. Año de 1576.

También me escribe Gabriela, que tiene vuestra reverencia la casa muy aliñada. Harto la quisiera ver. Hasta ahora no he podido mirar cuyas eran las cartas. Heme alegrado con la del nuestro buen padre García Álvarez. Escribirele de buena gana; y esas mis hijas perdonen, si he de cumplir con quien las hace tanto bien.

De vuestra reverencia.

Teresa de Jesús.

Carta LV. A la misma madre María de san José, priora de Sevilla

Jesús.

Sea con vuestra reverencia el Espíritu Santo, hija mía. La carta suya, fecha a 3 de noviembre, recibí. Yo le digo que nunca me cansan, sino que me descansan de otros cansancios. Cayome harto en gracia poner la fecha por letras. Plegue a Dios no sea por no se humillar a poner el guarismo.

Antes que se me olvide, muy buena venía la del padre Mariano, si no trajera aquel latín. Dios libre a todas mis hijas de presumir de latinas. Nunca más le acaezca, ni lo consienta. Harto más quiero que presuman de parecer simples, que es muy de santas, que no tan retóricas. Eso gana en enviarme sus cartas abiertas. Mas ya como se ha confesado con nuestro padre, más mortificada estará. Dígale que casi me confesé generalmente estotro día, con quien le he escrito, y no me dio de veinte partes de pena la una, de cuando me había de confesar con su paternidad. Mire qué negra tentación es esta.

Encomienden a Dios este mi confesor, que me tiene muy consolada, que es poco para mí contentarme. ¡Oh qué bien ha hecho en no llamar al que ahí me atormentaba, para que en ninguna cosa tuviese contento en ese lugar! que el que tenía con nuestro padre ya ve con cuántas zozobras era: y vuestra reverencia que me le diera, si ella quisiera, porque me cae en gracia, no quería. Yo me huelgo entienda ahora mi voluntad. Pues la otra de Caravaca, Dios la perdone, que también le da ahora pena. Esa fuerza tiene la verdad.

Este día me envió un hábito de una jerga, la más a mi propósito que he traído; que es muy liviana, y grosera. Harto se lo agradecí, que estaba el otro muy roto, para el frío, y para camisas: y todo lo han hecho ellas, aunque acá no hay camisas, ni por pienso en todo el verano, y mucho ayuno. Ya me voy haciendo monja: rueguen a Dios que dure.

La madre priora de Malagón aún está más mala que suele. Pues algo estoy consolada, que dice, la llaga no es en los pulmones, y que no está ética: y que Ana de la Madre de Dios, la monja de aquí, estuvo ansí, y sano. Dios lo puede hacer. Yo no sé que me diga de tanto trabajo, como allí ha dado Dios, y con los males gran necesidad; que ni tienen trigo, ni dineros, sino el mundo de deudas. Los 400 ducados, que las deben en Salamanca, y teníanlos para esa casa, que ya lo había dicho nuestro padre, aun plegue a Dios que basten, para que se remedien. Ya he enviado por parte dellos. Han sido muchos los gastos, que allí han tenido, y de muchas maneras. Por eso no querría yo las prioras de las casas de renta muy francas, ni ninguna, que es venirse a perder del todo. La pobre Beatriz ha cargado sobre ella, que ha sido la que ha andado buena, y tiene cargo de la casa, que se la encomendó la madre priora, a falta de hombres buenos, como dicen. Su

majestad me la guarde, que tengo mucho que escribir, y a todas me las haga santas. Son hoy 19 de noviembre.
De vuestra reverencia.
Teresa de Jesús.
Huélgome de que lleven ahí tan bien la pobreza, y las proveá ansí mi Dios. Bendito sea por siempre. Lo del lino, y lana junto, mas quiero que traigan lienzo, cuando lo han menester, que es abrir puerta para nunca cumplir bien la constitución; y con traer lienzo con necesidad, la cumplen. Esotro dará casi tanto calor, y ni se hace lo uno, ni lo otro, y quedarse han con ello.

Carta LVI. A la misma madre María de san José, priora de Sevilla

Jesús sea con vuestra reverencia. ¡Oh mi hija, qué carta me envía llena de buenas nuevas, ansí de su salud, como esa monja, que nos hace tan buena obra, como será pagar la casa! Plegue a Dios no haya algún desmán, harto se lo suplico, que me daría grandísimo contento verlas descansadas. Si entrare, sobrellévela por amor de Dios, que todo lo merece. Yo quisiera harto tener lugar para escribirla largo; mas helo hecho hoy a Ávila, y Madrid, y otras partes, y está la cabeza, cual la mala ventura. Sus cartas he recibido, las que dice. Una que escribí a mi padre el prior de las Cuevas, que la enviaba abierta, para que la viese vuestra reverencia se debe de haber perdido, que no me dice nada. Solas habrán quedado, sin nuestro buen padre.

Diga al señor García Álvarez, que ahora ha menester serlo más que hasta aquí. Holgádome he que haya entrado su parienta: encomiéndemela mucho, y a las de Paterna, que las quisiera harto escribir. Envíeles esta, para que sepan que estoy buena, y que me holgué con su carta, y de saber van bien

Margarita, y confesor. Que no se espanten no estén luego como nosotras, que es un desatino: ni pongan tanto en que no se hablen, y otras cosas, que de suyo no son pecado: que gente acostumbrada a otra cosa, haralas hacer más pecados, que les quita. Es menester tiempo, y que obre Dios, que será desesperarlas. Harto se lo pedimos acá.

El sufrirlas, que la baldonen, es malo; salvo si no es pudiendo hacer que no lo entiende. Es menester, que entiendan las que gobiernan, que dejado el encerramiento, lo demás ha de obrar Dios, y llevarlo con gran suavidad. Él sea con ella, hija mía, y me la guarde, y a todas, y las dé mis encomiendas.

A la priora de Paterna (que en todas sus cartas no hace más caso de san Jerónimo, que si allí no estuviese, y quizás hará más que ella) que me diga cómo le va, y a san Jerónimo, que me lo escriba: y a entrambas, que pongan en Dios su confianza, por que acierten en todo; y no piensen que han de hacer nada por sí.

Yo estoy buena: la madre priora de Malagón, como suele. Dígame, si llevaba nuestro padre dinero para el camino, que he entendido, que no. Envíele esa carta mía a recaudo, y con brevedad por caridad; mas sea con persona cierta. Harto me pesa, que se vaya el fiscal de ahí. Parece quiere Dios, que él solo se vea que lo hace. Al prior del Carmen dé vuestra reverencia mis encomiendas, y a mi buen fray Gregorio que me escriba. Son hoy 17 de enero. Año de 1577. Y yo

Sierva de vuestra reverencia.

Teresa de Jesús.

En gracia me han caído sus Maitines. Yo creo que irían bien, que siempre ayuda el Señor a la más necesidad. No me deje de escribir, aunque no esté ahí nuestro padre. Yo no lo haré tantas veces, aunque sea sino por los portes.

Carta LVII. A la misma madre María de san José, priora de Sevilla

Jesús.

La gracia del Espíritu Santo sea con vuestra reverencia, mi hija. Con tan buenas nuevas, y con tantos regalos, como ahora me envió, razón fuera alargarme mucho; al menos diérame harto contento: sino que como la escribí ayer, y el trabajo deste invierno de cartas ha venido a enflaquecer la cabeza de suerte, que he estado bien mala. Mejor estoy harto; y con todo casi nunca escribo de mi letra, que dicen es menester para sanar del todo.

Su manera de oración me contenta mucho; y el ver que la tiene, y que la hace Dios merced, no es falta de humildad; conque entienda, que no es suyo, cómo lo hace; y se da ello a entender, cuando la oración es de Dios. Harto le alabo, de que vaya tan bien, y procuraré dar las albricias que pide. Ruegue a Dios, que yo sea tal, que me oiga.

En la de Beatriz, bueno es; mas lo más que pudiere, dé de mano a esas cosas en pláticas, y en todo. Sepa que va mucho en las prioras. No trató aquí la hermana san Jerónimo deso; porque luego la atajó la priora, y riñó, y ansí calló: y va ve, que cuando estuve yo allá, tampoco pasaba mucho adelante. No se si hicimos mal, en que saliese de entre nosotras. Plegue a Dios que suceda en bien. Mire si hallaran el papel para la priora las otras, ¿qué cosa fuera? Dios le perdone a quien la manda escribir. Nuestro padre quisiera la escribiera con rigor en ese caso. Lea esa carta que la escribo, si le pareciere, enviésela. Hácelo en extremo bien en no consentir, que hablen con nadie.

De Veas me escribe la priora, que solos los pecados tratan con uno, y se confiesan todas en media hora; y me dice, que ansí habían de hacer en todos cabos, y andan consoladísimas, y con gran amor con la priora, como lo tratan con ella. Podía vuestra reverencia decir, que pues en este caso tengo alguna experiencia, ¿que para qué han de buscar los que quizá no tienen tanta, sino escribirme? Y en esa tierra conviene más, que en ninguna. A la hermana san Francisco haga que dé carne a esa, en saliendo Cuaresma, y no la deje ayunar. Quisiera saber qué es esto que dice, que le hace Dios tanta fuerza, que no se declara. Mire el trabajo, andar ahora con esos llantos delante de las otras, y que la vean escribir a cada paso. Procure eso que escribió, enviármelo, y quítele la esperanza de que ha de tratar con nadie, sino con nuestro padre; que la han destruido.

Entienda, que allí se entiende (aún menos de lo que vuestra reverencia piensa) este lenguaje; aunque siendo en confesión, y con el padre Acosta, no puede venir daño. Mas yo sé bien, que a ella, menos que a otras conviene. Bien está eso que se manda en Paterna, de dar alguna anchura, aunque valiera más no se haber comenzado, sino lo que había de ser. Que en estas cosas de reforma, si con voces alcanzan algo, luego les parece ansí lo han de alcanzar todo. Muy bien hizo en avisarles anduviesen en comunidad.

Como no escribo de una vez esta no sé, si me he de olvidar de responder a algo. Esos cerrojos llevan; que como ellos están acá en las rejas del coro, y no me parece son menester más pulidos. Aunque yo veo que ella no se contentará, mas pase como acá, que no se tienen por más groseras, y mejor es cerrojillos, que otra cosa; que yo no entiendo, qué cerraduras pide. Los crucifijos se están haciendo; creo costarán a ducado.

Ahí van esas respuestas; que envié a mi hermano a preguntar esa pregunta, y concertaron los que ahí van responder en san José, y que allá lo juzgasen las monjas; y el obispo hallose presente, y mandó que me lo enviasen que lo juzgase yo. Aún para leerlo no estaba la negra cabeza. Muéstrelo al padre prior, y a Nicolao; mas hales de decir lo que pasa; que no lean la sentencia, hasta que vean las respuestas. Y si pudiere, tórnemelo a enviar, porque gustará nuestro padre; que ansí hicieron en Ávila, para que lo enviase, aunque no sea este camino del arriero.

Esa carta le envío, que me escribió mi hermano; y desas mercedes, que le hace Dios, son muchas las que me escribe. Esa hallé a mano, porque creo se holgará, pues le quiere bien. Rómpala luego, y quédese con Dios, que no acabaría con ella, y háceme mal. Su majestad me la haga santa. Son hoy 2 de marzo. Año de 1577.

Sierva de vuestra reverencia.

Teresa de Jesús.

Agradézcame ir esta de mi letra, que aun para san José de Ávila no lo he hecho.

Carta LVIII. A la misma madre María de san José, priora de Sevilla

Jesús.

La gracia del Espíritu Santo sea con vuestra reverencia, hija mía. En extremo se me ha doblado el amor que las tenía, aunque era harto, y a vuestra reverencia porque ha sido la que más ha padecido. Mas sepa cierto, que cuando supe, que la habían quitado voz, lugar, y el oficio; que me dio particular consuelo; porque aunque creo, que mi hija es harto ruin, tengo entendido que temo a Dios, que no habría hecho cosa contra su majestad, que mereciese tal castigo.

Espero en su majestad irá ordenando se descubran las verdades. En esa casa ha habido poca; y esto me dio a mí mucha pena, cuando supe los dichos del proceso que trajeron, y de algunas cosas que sabía gran falsedad, por ser del tiempo que ahí estuve. Ahora que he visto lo que pasa desas hermanas, he dado muchas gracias a nuestro Señor, que no les dio lugar para que levantasen más. Estas dos almas me tienen fatigada; que es menester que todas hagamos particular oración, por que Dios les dé luz. Desde que andaba ansí el padre García Álvarez, tenía yo temor de lo que ahora veo.

En gracia me ha caído cuan autorizada está con su campanario; y si campea tanto como dice, tiene razón. Yo espero en Dios que ha de ir muy adelante esa casa, porque han pasado mucho. Vuestra reverencia lo dice tan bien todo, que si mi parecer se hubiera de tomar, después de yo muerta, la eligieran por fundadora, y aun en vida, muy de buena gana; que harto más sabe que yo, y es mejor. Esto es decir verdad. Un poco de experiencia la hago de ventaja; mas de mí hay ya que hacer poco caso; porque se espantaría, cuán vieja estoy, y cuán para poco. A todas dé muchas encomiendas. Su majestad me la guarde, hija, y la haga muy santa. Amén.

De vuestra reverencia.

Teresa de Jesús.

Carta LIX. A la misma madre María de san José, priora de Sevilla

Jesús sea con vuestra reverencia. Yo le digo, que me huelgo tanto con sus cartas, que las estoy deseando. No sé qué lo hace; que amor particular tengo a esa casa, y a las que están con ella. Si es como pasé ahí tantos trabajos. Ya estoy buena, gloria a Dios, que las calenturas pararon en un gran romadizo.

Yo veía bien el trabajo, que ternían con esos dichos, y hechos de los padres Calzados. Por acá no han faltado. Mas como nos ha librado Dios del Tostado, espero en su divina majestad, que ha de hacernos en todo merced. Siempre es menester mucha oración, para que nuestro Señor nos libre, y para que dé asiento en estas cosas; que mientras el general reverendísimo esté ansí disgustado, yo le digo, que ha de haber bien en qué merecer. Porque de nuestro padre lo sabrá todo, deso no digo ahora nada, sino que la ruego por caridad, tenga mucho cuidado de escribirme lo que pasa, cuando nuestro padre no pudiere, y de darle mis cartas, y recaudar las suyas. Ya sabe qué se pasa (aun estando ahí) de sobresaltos; ¿qué será estando lejos?

El correo mayor, que es de aquí, es primo de una monja, que tenemos en Segovia. Hame venido a ver, por ella dice que hará maravillas. Llámase Figueredo. Hémonos concertado, y dice, que si allá hay cuidado de dar las cartas al correo mayor, que casi a ocho días podría saber de allá. Mire qué gran cosa sería. Dice, que con poner una cubierta, que diga, que es para Figueredo el correo mayor de Toledo, ninguna se puede perder. Todo es trabajo de vuestra reverencia. Yo sé, que otros mayores tomará por mí, que ansí lo tomaría yo por ella. Sepa que me dan a veces deseos de verla, que parece que no tengo otra cosa en qué entender. Esto es verdad. Allá se informe, si le ha de poner Magnífico, o cómo. Él harta buena suerte tiene. Por esto me he holgado de quedarme ahora aquí, que en Ávila hay mala comodidad para esto, y aun para otras cosas. Solo por mi hermano me pesa, que lo siente mucho. Mal hace de no escribirle alguna vez. Por esta carta suya verá cuán mal le va de salud, aunque alabo a Dios, que no tiene calentura.

Nunca se me acuerda de guardar las cartas, que se me escriben de Teresa. A todas dicen que las trae confusas de ver su perfección, y la inclinación a oficios bajos. Dice, que no piensen, que por ser sobrina de la fundadora, la han de tener en más, sino en menos. Quiérenla mucho. Hartas cosas dicen della. Para que alaben a Dios (pues ellas le dieron a ganar este bien) les digo esto. Harto me huelgo de que la encomienden a su majestad.

Mucho quiero yo a su padre; mas cierto la digo estoy consolada de estar lejos. No acabo de entender la causa; sino es, que los contentos de la vida, para mí son cansancios (debe de ser el miedo, que tengo de no me asir a cosa della) y ansí es mejor quitar la ocasión. Aunque ahora al presente, por no desagradar a mi hermano lo que ha hecho, quisiera estar allá, hasta que asentara algunas cosas, que guarda para esto.

He andado tratando esto de la monja de Nicolao, ya que la había despedido; porque me escribió otra vez esa carta Nicolao. Nuestro padre dice, que no es para ello. Con todo no la he tornado a despedir; porque en tal necesidad se pueden ver, que sea bien probarla. Quizás será buena. Trátelo allá con nuestro padre, si se viere en necesidad, e infórmese de las faltas que tiene; que yo no le hablé, sino poco en ello, que veo que tienen allá mal recado.

Mucho me he holgado de las calzas, y granjerías. Como se ayuden, les ayudará Dios. Respondiendo a lo que dice de pagar los censos, y vender esos, está claro que sería muy gran bien ir quitando carga. En lo demás, harto recio es tornar ahora sin nada a ninguna; solo se puede sufrir tomándola por solo Dios, que no se ha tomado allí ninguna de limosna, y él nos ayudará; y quizá traerá a otras, porque se haga esto por él. Esto es, cuando a nuestro padre importunaren mucho, y lo dijere a vuestra reverencia. Ella no hable palabra. Y mire amiga muy mucho en esto de no se arrojar a tomar monjas, que le va la vida en entender las que son para nosotras. Esa de Nicolao no debe ser más que bonita.

La sobrina, o prima de García Álvarez, cierto es lo que le dije, a mi parecer. Caballar me lo dijo. No creo es la doña Clemencia, sino la otra. Con llaneza le puede decir a García

Álvarez, que le han dicho ha tenido gran melancolía. A mí loca me dijo claramente, que por eso no la hablé yo más. Aunque esto no fuera, ahora no es menester cargar la casa, sino descargar luego la deuda. Esperemos un poco, que con esas barahúndas desos padres no me espanto no entre ninguna.

Todo lo que se gastare en portes, ponga por memoria, para que se desquite de los 40 ducados, que enviaron de san José de Ávila; y mire que no haga otra cosa, que no será comedimiento, sino bobería; que por algo se lo digo. ¡Cómo presume ya de enviar dineros! En gracia me ha caído, para estar yo acá con tanto cuidado de como ellas se han de valer. Con todo vino a buen tiempo, también para pagar portes: Dios se lo pague; y el agua de azahar, que vino muy buena, y a Juan de la Cruz el velo. Con todo no presuman de hacer esas cosas otra vez, que cuando yo quisiere algo, se lo avisaré cierto; y a mi parecer, con más llaneza, o tanta, como adonde están las de que más fío; porque creo que esto lo hará vuestra reverencia de gana, y todas.

La de la buena voz nunca más tornó. Harto cuidado traigo, si viere cosa, que les está bien. ¡Oh qué deseo tengo, de que les den el agua! Tanto lo querría, que no lo creo. Alguna confianza me da, que podrá el padre Mariano, o nuestro padre algo con fray Buenaventura, pues está por mayor de los padres Franciscos. Hágalo el Señor, que gran descanso sería. Bien creerán ellas, ahora que va nuestro padre, que me le diera estar más allá, que acá, aunque pasara algún mal rato con el obispo. Espantada estoy ver a ellas con tanto contento. Mejor lo ha hecho Dios; sea por todo bendito, y guárdeme a vuestra reverencia muchos años.

Por no dar pena, no la querría hablar en la que tengo por la nuestra priora de Malagón, aunque de menos la hizo Dios. Dejado lo que la quiero, es terrible la falta que hace a tal tiempo. Aquí la hubiera traído; sino que me dice este doctor que nos cura, que si ha de vivir un año, no vivirá un mes. El Señor lo remedie. Encomiéndesela mucho. Bien desahuciada está, que dicen que es tísica. Guardense de beber el agua de la zarzaparrilla, aunque más quite el mal de estómago. La priora, y las hermanas se le encomiendan. Harta pena me ha dado el mal de mi santo prior. Ya le encomendamos a Dios. Hágame saber dél, y de delgado qué se ha hecho; y encomiéndeme a todas las que viere que conviene, y a todos; y quédese con Dios, que bien me he alargado, y holgado de saber que están buenas, en especial vuestra reverencia, que traigo miedo a estas prioras, según a lo que nos llegan. Dios me la guarde, hija mía.

De Caravaca, y Veas tengo aquí algunas veces cartas. No faltan trabajos en Caravaca; mas espero en Dios se remediará. Son hoy 7 de septiembre, año de 1578.

De vuestra reverencia.

Teresa de Jesús.

Ahora más veces nos escribiremos. ¿Cómo no me dice de fray Gregorio? Encomiéndemelo mucho, y dígale cómo les va allá (si ella no me escribe de todo, no lo hace nadie) y cómo le va con el padre fray Antonio de Jesús. No responderé a Nicolao, hasta que me avise. Medio real ha de poner de porte, cuando no fueren sino tres, o cuatro cartas, y cuando más, más. Como sé, en qué cae verse en necesidad, y cuán mal se hallan allí dineros, no me he atrevido a despedir del todo ahora a Nicolao. Es menester que lo uno, y lo otro entienda nuestro padre despacio, cuando en algo le pidiere parecer; que como anda tan ocupado, no advertirá.

Carta LX. A la misma madre María de san José, priora de Sevilla

Jesús.
La gracia del Espíritu Santo sea con vuestra reverencia, hija mía. No sé como calla tanto, en tiempo que por momentos querría saber cómo les va. Yo les digo, que no callo yo por acá en lo que toca a esa casa. Sepa que está aquí el padre fray Nicolao, que ya es prior de Pastrana, que me vino a ver, con quien me he consolado muy mucho, y alabado a nuestro Señor, de que nos haya dado tal sujeto en la Orden, y de tanta virtud. Parece que su majestad lo tomó por medio, para el remedio desa casa, según lo que ha trabajado, y le cuesta: encomiéndenle mucho a nuestro Señor, que se lo deben.

Y vuestra reverencia, hija mía, déjese ahora de perfecciones bobas, en no querer tornar a ser priora. Estamos todos daseándolo, y procurándolo, ¿y ella con niñerías, que no son otra cosa? Este no es negocio de vuestra reverencia, sino de toda la Orden; porque para el servicio de Dios conviene tanto, que ya lo deseo ver hecho; y para la honra desa casa, y de nuestro padre Gracián. Y aunque vuestra reverencia no tuviera ninguna parte para este oficio, no convenía otra cosa. Cuanto más, que a falta de hombres buenos, como dicen, etc. Si Dios nos hiciera esta merced, vuestra reverencia calle, y obedezca, no hable palabra; mire que me enojará mucho. Basta lo dicho, para que entendamos, que no lo desea. Y a la verdad, para quien lo ha probado, no es menester decirlo, para entender, que es pesada cruz. Dios la ayudará, que ya la tempestad se ha acabado por ahora.

Mucho deseo saber, si esas monjas se conocen, o contradicen en algo (que me tienen fatigada, por lo que toca a sus almas) o cómo están. Por caridad de todo me avise largo, que con enviar a Roque de Huertas las cartas por la vía del arzobispo, me las enviará a donde estuviere; que aquí escribirá la hermana Isabel de san Pablo lo que en esto pasa, porque yo no tengo lugar. A mi hija Blanca dé muchas encomiendas, que en gran manera me tiene contenta, y muy obligada a su padre, y a su madre de lo mucho que han puesto en lo que vuestra reverencia toca. Agradézcaselo de mi parte.

Yo le digo, que es una historia lo que ha pasado en esa casa, que me tiene espantada, y con deseo de que me lo escriban todo con claridad, y verdad; y ahora me diga, cómo andan esas dos hermanas muy particularmente, que como he dicho, me tienen con harto cuidado. A todas dé muchas encomiendas mías, y a la madre vicaria tenga esta por suya, y a la mi Gabriela me encomiende mucho, y a la hermana san Francisco.

Ya me llaman para el padre Nicolao, y mañana me parto para Valladolid, que me ha enviado un mandamiento nuestro padre vicario general, para que luego vaya allá. De ahí a Salamanca. A Valladolid había poca necesidad; mas hánselo pedido la señora doña María, y el obispo. En Salamanca tienen harta, que están en aquella casa, que es bien enferma, y pasan mucho trabajo con el que la vendió; que la vida que les da, y los desafíos que cada día les hace, y lo que han pasado con él, ha sido harto, y pasan cada día. Suplique a nuestro Señor se compre buena, y barata. Y su majestad me la guarde, hija mía, y me la deje ver antes que me muera. Son hoy 24 de junio.

Pártome mañana. Tengo tanta ocupación, que no puedo escribir a esas mis hijas, ni decir más. Hágame saber si recibieron una carta mía.

Indigna sierva de vuestra reverencia.
Teresa de Jesús.

Carta LXI. A la misma madre María de san José, priora de Sevilla

Jesús.

La gracia del Espíritu Santo sea con vuestra reverencia, hija mía. Y con cuánta razón la puedo llamar ansí; porque aunque yo la quería mucho, es ahora tanto más, que me espanta; y ansí me dan deseos de verla, y abrazarla mucho. Sea Dios alabado, de donde viene todo el bien, que ha sacado a vuestra reverencia de batalla tan reñida con vitoria. Yo no lo echo a su virtud, sino a las muchas oraciones, que por acá se han hecho en estas casas por esa. Plegue a su majestad, que seamos para darle gracias de la merced que nos ha hecho.

El padre provincial me ha enviado la carta de las hermanas, y el padre fray Nicolao la suya, por donde he visto, que está ya vuestra reverencia tornada a su oficio, que me ha dado grandísimo consuelo; porque todo lo demás era no acabar de quietarse las almas. Vuestra reverencia tenga paciencia, y pues la ha dado el Señor tanto deseo de padecer, alégrese de cumplirle en eso, que yo entiendo no es pequeño trabajo. Si hubiésemos de andar a escoger los que queremos, y dejar los otros, no sería imitar a nuestro Esposo, que con sentir tanto en la oración del huerto su Pasión, el remate era: Fiat voluntas tua (Mat. 26, v. 42). Esta voluntad hemos menester hacer siempre, y haga él lo que quisiere, de nosotros.

(Atribuye la Santa la persecución que sus hijas, padecieron en Sevilla, a haberse confesado con otros fuera de sus Descalzos, y pídeles, que no lo hagan.) Al padre fray Nicolás he pedido dé a vuestra reverencia los avisos, que entiende que conviene, porque es muy cuerdo, y la conoce; y ansí me remito a lo que a vuestra reverencia la escribiere. Solo le pido yo, que procure el menor trato que ser pueda fuera de nuestros Descalzos (digo, para que traten esas monjas, ni vuestra reverencia sus almas). No se les dé mucho, que les hagan falta alguna vez, no siendo las comuniones tan a menudo; no se les dé nada, que más importa no nos ver en otra como la pasada. De los frailes si quieren mudar algunas veces, o alguna monja, no se lo quite. Tengo tan poco lugar, que aún no la pensé escribir. A todas me encomiende muy mucho, y les agradezca de mi parte el buen conocimiento, que han tenido en acertar a darme contento. La Virgen se lo pague, y me las dé su bendición, y haga santas.

Creo que no han de poder dejar de tomar a la hija mayor de Enrique Freyle; porque se le debe mucho. Hará en esto conforme la dijere el padre fray Nicolás, a quien lo remito. La más chica, en ninguna manera conviene ahora, ansí por la edad, como porque en ningún monasterio están bien tres hermanas juntas, cuanto más en los nuestros, que son de tan pocas. Váyalo entreteniendo, diciendo que por la edad, y no los desconsuele.

¡Oh lo que mi hermano ha sentido sus trabajos! Dios la dé el descanso, que más le conviene para contentarle. Escríbame largo de todo, en especial desas dos pobrecitas, que me tienen con mucho cuidado. Muéstreles gracia, y procure por los medios que le pareciere, si pudiese se viniesen a entender. Yo me partiré de aquí día de santa Ana, Dios queriendo. Estaré en Salamanca algunos de asiento. Pueden venir sus cartas a Roque de Huerta. Todas estas hermanas se le encomiendan mucho, y a todas. Harto las deben.

Están estos monasterios, que es para alabar al Señor de todo. Encomienden a su majestad lo de Malagón, y el negocio a que voy a Salamanca, y no olviden a todos los que debemos, en estos tiempos en especial. Es hoy día de la Madalena. Las ocupaciones de aquí son tantas, que aún no sé cómo he escrito esta. Ha sido en algunas veces, y a esta cau-

sa no escribo al padre fray Gregorio, que lo pensé hacer. Escríbale ella un gran recaudo por mí, y que estoy contenta, que le haya cabido tan buena parte desta guerra, que ansí le cabrá del despojo. Dígame cómo está nuestro padre prior de las Cuevas, para que vea, cómo le he de escribir en estos negocios. Año de 1579.
De vuestra reverencia sierva.
Teresa de Jesús.

Carta LXII. A la misma madre María de san José, priora de Sevilla
Jesús.
La gracia del Espíritu Santo sea con vuestra reverencia, hija mía. En la carta de mi padre fray Nicolás me he alargado en algunas cosas, que no diré aquí, porque vuestra reverencia las verá. La suya viene tan buena, y humilde, que merecía larga respuesta. Mas vuestra reverencia ha querido escriba al buen Rodrigo Álvarez, y ansí lo hago, y no hay cabeza para mucho más. Dice Estéfano dará estas a quien las lleve a recado. Plegue a Dios sea ansí. Holgado me he con él, y pesádome de que se viene. Téngole tan agradecido lo que hizo en tiempo de tanta necesidad, que no había vuestra reverencia menester acordármelo. Procurar tengo se torne allá, que es mucho para en esa tierra haber de quien se fiar.

En esta no me hallo tan mal de salud, como por otras. De la poca que me escribe la hermana Gabriela, que tiene vuestra reverencia, me ha pesado mucho. Los trabajos han sido tantos, que aunque fuera de piedra el corazón, le hubieran hecho daño. Yo quisiera no haber ayudado a ellos. Vuestra reverencia me perdone a mí, que con quien bien quiero soy intolerable, que querría no errase en nada. Ansí me acaeció con la madre Brianda, que le escribía cartas terribles, sino que me aprovechaba poco. Cierto que en parte tengo por peor lo que el demonio traía urdido en esta casa, que lo desa. Lo uno, porque duró más: y lo otro, porque fue el escándalo de los de afuera muy más perjudicial. Y no sé, si quedará tan sano, como esotro. Creo que no, aunque se ha remediado, para el que había dentro, y la inquietud dél. El Señor lo ha allanado. Sea él bendito; porque las monjas tenían poca culpa. De quien más enojada he estado, es de Beatriz de Jesús, porque jamás ha díchome una palabra, ni aun ahora, con ver que todas me lo dicen, y que yo lo sabía. Hame parecido harta poca virtud, o discreción. Ella debe de pensar es guardar amistad; y a la verdad es asimiento grande el que tiene: que la verdadera amistad no se ha de ver en encubrir lo que pudiera haber tenido remedio, sin tanto daño.

Vuestra reverencia por amor de Dios se guarde, de hacer cosa, que sabido pueda ser escándalo. Librémonos ya destas buenas intenciones, que tan caro nos cuestan. No piense, que me cuesta poco estar ahora más blando el rector, y por acá lo están todos: que harto he puesto, hasta escribir a Roma, de donde creo ha venido el remedio. Grandemente he agradecido a ese santo de Rodrigo Álvarez lo que hace, y al padre Soto. Dele mis encomiendas, y dígale, que me parece que es más verdadero amigo en hacer las obras, que las palabras: pues nunca me ha escrito, ni enviado siquiera unas encomiendas.

No sé cómo dice vuestra reverencia, que el padre fray Nicolás la ha revuelto conmigo, porque no tiene otro mayor defensor en la tierra. Decíame él la verdad: para que como entendía el daño desa casa, no estuviese engañada. ¡Oh mi hija, qué poco va en disculparse tanto, para lo que a mí me toca! Porque verdaderamente le digo, que no se me da más que hagan caso de mí, que no, cuando entendiese aciertan a hacer lo que están obligadas. El engaño es, que como a mí me parece, que miro lo que les toca con tanto cuidado, y amor; paréceme que no hacen lo que deben, si no me dan crédito, y que me canso en balde. Y esto es lo que me hizo enfadar de suerte, que lo quisiera dejar todo, pareciéndome (como digo) no aprovecha nada, como es verdad. Mas es tanto el amor, que siendo de algún efeto, pudiera acabarlo conmigo: y ansí no hay que hablar en esto.

(Es gran daño para los conventos ser muchas las religiosas.) Serrano me ha dicho que se ha tomado ahora una monja: y conforme a las que él piensa que hay en casa (porque me dice cree son veinte) ya estará el número cumplido. Y si lo está, nadie puede dar licencia para que se tome: que el padre vicario no puede hacer cosa contra las Actas, y Breves apostólicos. Mírese mucho por amor de Dios, que se espantaría el daño, que es en estas casas, ser muchas, aunque tengan renta, y de comer. No sé cómo pagan tanto censo cada año, pues tienen con qué lo quitar. Harto me he holgado deso que viene de las Indias: sea el Señor alabado.

En lo que dice de la supriora, teniendo vuestra reverencia tan poca salud, no podrá seguir el coro; y es menester quien lo sepa muy bien. El parecer niña Gabriela, importa poco; que ha mucho, que es monja, y las virtudes que tiene son las que hacen al caso. Si en el hablar con los de afuera hubiere alguna falta, puede ir con ella san Francisco. Al menos es obediente, que no saldrá de lo que vuestra reverencia quisiere, y tiene salud (que es mucho menester no faltar del coro) y san Jerónimo no la tiene. Conforme a conciencia, a quien mejor se puede dar, es a ella. Y pues ya tuvo el coro en vida de la negra vicaria, verían si lo hacía bien: y ansí se le darán de mejor gana el voto: y para supriora más se mira en la habilidad, que la edad.

Ya escribo al padre prior de Pastrana lo de la maestra de novicias: que quien me parece lo que dice, querría hubiese ya pocas; que para todo es gran inconveniente, como he dicho, y no hay por donde se vengan a perder las casas, sino por aquí.

Gran cosa es la limosna, que hace el santo prior de las Cuevas, del pan. Con eso que tuviera esta casa pudiera pasar, que no sé qué se han de hacer. No han hecho sino tomar monjas con nonada. Lo que dice de Portugal, harta priesa da el arzobispo, y yo pienso darme espacio para ir allá. Si puedo, le escribiré ahora. Procure vuestra reverencia vaya la carta con brevedad, y a recaudo.

El conocerse Beatriz, querría aprovechase, para desdecir lo que ha dicho a García Álvarez, por lo que toca a su alma. Mas traigo gran temor, que no se entiende, y que solo Dios lo ha de hacer. Él haga a vuestra reverencia tan santa, como yo le suplico, y me la guarde, que por ruin que es, quisiera tener algunas como ella; que no sé qué me haga, si ahora se funda, que no hallo ninguna para priora, aunque las debe de haber; sino como no están experimentadas, y veo lo que aquí ha pasado, hame puesto mucho temor, que con buenas intenciones nos coge el demonio para hacer su hecho. Y ansí es menester andar siempre con temor, y asidas de Dios, y fiar poco de nuestros entendimientos; porque por buenos que sean (si esto no hay) nos dejará Dios, para errar en lo que más pensamos que acertamos.

En esto desta casa (pues ya lo ha entendido) puede tomar experiencia. Que cierto le digo, que querría el demonio hacer algún salto; y que a mí me tenían espantada algunas cosas de las que vuestra reverencia escribía, haciendo caso dellas. ¿A dónde estaba su entendimiento? ¿Pues qué la hermana san Francisco? ¡Oh válame Dios, las necedades que traía aquella carta! Todo para conseguir su fin. ¡El Señor nos dé luz; que sin ella, no hay tener virtud, sino para mal, ni habilidad!

Yo me huelgo que vuestra reverencia esté tan desengañada; porque le ayudará para muchas cosas. Para acertar, aprovechará mucho haber errado, que ansí se toma experiencia. Dios la guarde, que no pensé poderme alargar tanto. La priora se le encomienda mucho, y las hermanas.
De vuestra reverencia sierva.
Teresa de Jesús.

Carta LXIII. A la misma madre María de san José, priora de Sevilla

Jesús.
La gracia del Espíritu Santo sea con vuestra reverencia, mi hija. Hoy víspera de la Presentación de nuestro Señor recibí la carta de vuestra reverencia, y las desas mis hermanas. Heme holgado mucho, y no sé qué es la causa, que con cuantos disgustos me da vuestra reverencia, no puedo sino quererla mucho: luego se me pasa todo. Y ahora, como esa casa ha sido la mejorada en padecer en estas refriegas, la quiero más. Sea Dios alabado, que ansí se ha hecho todo también: y vuestra reverencia debe de estar algo mejor, pues no la lloran sus hijas, como suelen.

El vestirse túnica al verano, si me quiere hacer placer, en llegando esta, se la quite, aunque más se mortifique. Pues todas entienden su necesidad, no se desedificarán. Con nuestro Señor cumplido tiene, pues lo hace por mí. Y no haga otra cosa: que ya yo he probado el calor de ahí: y vale más estar para andar en la comunidad, que tenerlas todas enfermas. Aun por las que viere que tienen necesidad, también lo digo.

Alabado he a nuestro Señor, de que hiciese tan bien la elección: pues dicen, cuando es de esa suerte, interviene el Espíritu Santo. Alégrese con ese padecer, y no dé lugar a que el demonio la inquiete con descontento dese oficio. Bien es que diga ahora, se holgaría de saber, que la encomiendo al Señor; pues ha un año que no solo yo, mas en los monasterios hago que lo hagan: y ansí por ventura se ha hecho todo tan bien. Su majestad lo lleve adelante.

Ya yo sabía, que yendo el padre fray Nicolás se había de hacer todo muy bien. Mas poco antes que vuestra reverencia lo pidiere, y se lo mandaran, nos echaba a todos a perder; porque vuestra reverencia miraba sola su casa, y él estaba ocupado en negocios de toda la Orden, que dependían de su reverencia. Dios lo ha hecho como quien es. Yo quisiera que estuviera allá, y también acá, hasta ver concluido negocio tan importante. Harto quisiera hubiera venido a tiempo, que nos hubiéramos podido hablar. Ya no podrá ser.

Porque sepa vuestra reverencia, que habrá cinco días, que me envió una patente el padre vicario, para que vaya a Villanueva de la Jara a fundar un monasterio, que es cerca de la Roda. Ha cuatro años casi que nos importuna el ayuntamiento de allí, y otras personas, en especial el Inquisidor de Cuenca, que es el que estaba ahí por fiscal. Yo hallaba hartos inconvenientes, para no lo hacer. Fue allí el padre fray Antonio de Jesús, y el padre prior de la Roda: han hecho tanto, que han salido con ello. Son veintiocho leguas de aquí. Por harta buena dicha tuviera, si pudiera ser camino el ir ahí por ver a vuestra reverencia, y hartarme de reñir con ella; y aun por mejor decir, de hablarla: que ya debe de estar hecha persona con los trabajos. He de tornar antes de Pascua aquí, si Dios fuere servido, que no llevo más licencia, que hasta el día de san José. Dígalo al padre prior, por si se le hiciere camino de verme allí. He escrito a su reverencia por vía de la corte, y de aquí lo hubiera hecho más veces, y a vuestra reverencia, como pensé se perdían las cartas, no he osado.

Harto me he holgado de que mis cartas no se hayan perdido: porque allí escribí lo que me parecía de supriora, aunque mejor entenderá vuestra reverencia lo que conviene a su casa; mas yo le digo que es gran disbarate tener priora, y supriora poca salud. Y también lo es, que no sepa bien leer, y cuidar del coro la supriora, y vase contra constitución. ¿Quién quita a vuestra reverencia, que si hubiere algún negocio, envíe la que quisiere, y si estuviese muy mala? Entiendo yo que no saldrá Gabriela de lo que vuestra reverencia la dijere: y como vuestra reverencia la dé autoridad, y la acredite, y ella tiene virtud para no dar mal ejemplo: y ansí me holgué de ver a vuestra reverencia inclinada a ella. Dios ordene lo mejor.

(Para la paz de sus hijas les prohíbe la santa que no se confiesen sino con sus Descalzos.) En gracia me cae decir vuestra reverencia, que no se ha de creer todo lo que dijere la hermana san Jerónimo, habiéndoselo yo escrito tantas veces. Y aun en una carta, que iba a García Álvarez, que vuestra reverencia rompió, decía harto, para que no se creyese su espíritu. Con todo digo, que es buena alma, y que si no está perdida, no hay por qué la comparar con Beatriz, que errará por falta de entendimiento; mas no por malicia. Ya puede ser, que yo me engañe. Con que no la deje vuestra reverencia confesar, sino con frailes de la Orden, es acabado. Y si alguna vez fuere con Rodrigo Álvarez, dígale vuestra reverencia en la opinión que le tengo, y siempre me le encomiende mucho.

(Cuán ajeno es en los súbditos la poca lisura con sus prelados.) Holgádome he de ver por estas letras que me escriben las hermanas, el amor que la tienen, y hame parecido bien. En forma me ha sido recreación, y holgádome con la de vuestra reverencia. Ansí se me pasase el disgusto con la hermana san Francisco. Creo es, que me pareció su carta muy de poca humildad, y obediencia. Por eso vuestra reverencia tenga cuenta con su aprovechamiento (que se le debía pegar algo de Paterna) conque no se alargue tanto en encarecer; porque aunque con sus rodeos le parece que no miente, es muy fuera de perfección tal estilo, con quien no es razón sino hablar claro: que harán hacer a un perlado mil disbarates. Esto le diga vuestra reverencia en respuesta de la que ahora me escribió, que cuando esté enmendada desto, me torna satisfecha.

(Las leyes han de ser el norte de los que gobiernan.) A este gran Dios quiero que contente más; que de mí hay poco caso que hacer. ¡Oh mi hija, quién tuviera lugar, y cabeza, para alargarse en esta, sobre las cosas que han pasado en esta casa! Para que vuestra reverencia tomara experiencia, y aun pidiera a Dios perdón de lo que no me avisó: que he sabido, que estaba presente. La intención salvaría a algunas: a otras no bastaba. Tome vuestra reverencia escarmiento, y váyase llegada a las constituciones, pues es tan amiga dellas, si no quiere ganar poco con el mundo, y perder con Dios.

Ahora no hay ninguna, que no entienda la perdición que traían, y lo digan; si no es Beatriz de Jesús, que las quería tanto, que aunque lo ve, ni nunca me avisó, ni ahora dice nada, que ha perdido conmigo harto. Después que vine, no confesó más el que confesaba, ni creo confesará; porque ansí conviene para el pueblo, que estaba todo muy terrible. Y cierto es bueno, si cayera en otro poder. Dios perdone a quien le hizo perder a esta casa, que él se aprovechará, y todas con él.

Bien conoce hay razón para lo que se hace, y viene a verme, y yo le he mostrado mucha gracia, porque ansí conviene ahora; y cierto que estoy bien con su sencillez. La poca edad, y experiencia hace mucho daño. ¡Oh mi madre, que está el mundo con tanta malicia, que no se toma nada a bien! Si con la experiencia que hemos ahora tenido, no nos miramos, todo irá de mal en peor. Vuestra reverencia se haga vieja ya en mirarlo todo (pues la ha cabido tanta parte) por amor de nuestro Señor, que yo haré lo mismo.

He admirado, cómo no me envía algún villancico, que a osadas no habrá pocos en la elección: que yo amiga soy de que se alegren en su casa, con moderación: que si algo dije, fue por algunas ocasiones. La mi Gabriela tiene la culpa desto. Encomiéndemela vuestra reverencia mucho. Bien la quisiera escribir.

Llevo por supriora a san Ángel, y de Toledo la priora, aunque no estoy determinada cuál será. Encomienden mucho al Señor se sirva desta fundación. Y a Beatriz la encomiendo, que es de haber mucha lástima. El recaudo de Margarita me contenta, si ansí queda allá. El tiempo lo irá allanando, como vean amor en vuestra reverencia.

Espántame lo que debemos al buen padre prior de las Cuevas. Vuestra reverencia le envíe un gran recaudo de mi parte. Haga que todas me encomienden a Dios, y vuestra reverencia lo haga, que ando cansada, y estoy muy vieja. No es mucho me tenga voluntad el padre prior; porque me la debe muy debida. Dios nos le guarde, que gran bien tenemos en tenerle, y bien obligadas están de encomendarle. Su majestad sea con vuestra reverencia, y me la guarde. Amén.

Indigna sierva de vuestra reverencia.

Teresa de Jesús.

En lo que me he alargado verá la gana, que tenía de escribirla. Bien tiene esta por cuatro de las prioras de por acá, y pocas veces escribo de mi letra. Harto me he holgado de la buena orden, que ha dado el padre prior en la hacienda, porque lo que se debe a mi hermano no se pierda, aunque tenga más necesidad. Aquí están todas contentísimas, y la priora es tal, que le sobra razón. Yo le digo, que es de las buenas que hay, y tiene salud, que es gran cosa. La casa está como un paraíso. Al padre fray Gregorio muchas saludes, y que cómo me tiene olvidada; y al padre Soto. Bien le ha valido a vuestra reverencia su amistad.

Carta LXIV. A la misma madre María de san José, priora de Sevilla

Jesús

Sea con vuestra reverencia, madre mía, el Espíritu Santo. Páreceme no quiere nuestro Señor pase mucho tiempo sin que yo tenga en qué padecer. Sepa que ha sido servido en llevar consigo a su buen amigo, y servidor Lorenzo de Cepeda. Diole un flujo de sangre tan apresuradamente, que le ahogó, que no duró seis horas. Había comulgado dos días había, y murió con sentido, encomendándose a nuestro Señor. Yo espero en su misericordia se fue a gozar dél; porque estaba ya de suerte, que si no era tratar en cosas de su servicio, todo le cansaba, y por esto holgaba de estarse en aquella su heredad, que era una legua de Ávila, decía que andaba corrido de andar en cumplimientos.

Su oración era ordinaria, porque siempre andaba en la presencia de Dios, y su majestad le hacía tantas mercedes, que algunas veces me espantaba. A penitencia tenía mucha inclinación, y ansí hacía más de la que yo quisiera; porque todo lo comunicaba conmigo, que era cosa extraña el crédito, que de lo que yo le decía tenía, y procedía del mucho amor que me había cobrado. Yo se lo pago en holgarme, que haya salido desta vida tan miserable, y que esté ya en seguridad. Y no es manera de decir, sino que me da gozo, cuando en esto pienso. Sus hijos me han hecho lástima; mas por su padre pienso los hará Dios merced.

He dado a vuestra reverencia tanta cuenta, porque sé que le ha de dar pena su muerte (y cierto se lo debía bien, y todas esas mis hermanas) para que se consuelen. Es cosa extraña lo que él sintió sus trabajos, y el amor que las tenía. Ahora es tiempo de pagárselo, en encomendarlo a nuestro Señor, a condición, que si su alma no lo hubiera menester (como yo creo que no lo ha, y según nuestra fe lo puedo pensar) que se vaya lo que hicieren por las almas, que tuvieren más necesidad, por que se aprovechen dello.

Sepa que poco antes que muriese, me había escrito una carta aquí a san José de Segovia, que es a donde ahora estoy, que es once leguas de Ávila, en que me decía cosas, que no parecía sino que sabía lo poco que había de vivir, que me ha espantado. Paréceme, mi hija, que todo se pasa presto, que más habíamos de traer el pensamiento en cómo morir, que no en cómo vivir. Plegue a Dios, que ya que me quedo acá, sea para servirle en algo, que cuatro años le llevaba, y nunca me acabo de morir; antes estoy ya buena del mal que he tenido, aunque con los achaques ordinarios, en especial de la cabeza.

A mi padre Rodrigo Álvarez envíe vuestra reverencia a decir, que a buen tiempo vino su carta; que venía toda del bien que eran los trabajos; y que me parece, que ya hace Dios milagros por su merced en vida, que ¿qué será en muerte?

Ahora me han dicho, que los moriscos dese lugar de Sevilla concertaban alzarse con ella. Buen camino llevaban vuestras reverencias para ser mártires. Sepan lo cierto desto, y escríbamelo la madre supriora. Holgádome de su salud, y dado pena la poca que vuestra reverencia trae. Por amor de Dios vuestra reverencia se mire mucho. Dicen que es bueno para eso de la orina, cogidos unos escaramojos, cuando están maduros, y secos, y hechos polvos, y tomar cantidad de medio real a las mañanas. Pregúntelo a un médico, y no esté tanto sin escribirme por caridad.

A todas las hermanas me encomiendo mucho, y a san Francisco. Las de acá, y la madre priora se les encomienda. Linda cosa les parece estar entre esas banderas, y barahúndas, si se saben aprovechar, y sacar espíritu de tantas novedades, como ahí deben de oír; que han bien menester andar con harta advertencia, para no se distraer. Gran gana tengo de que sean muy santas.

Mas ¿qué sería, si se luciese lo de Portugal? Que me escribe don Teutonio el arzobispo de Ébora, que no hay más de cuarenta leguas desde ahí a allá. Por cierto para mí sería harto contento. Sepa que ya que vivo, deseo hacer algo en servicio de Dios, y pues ha de ser ya poco, no lo gastar tan ociosamente como he hecho estos años, que todo ha sido padecer en lo interior, y en lo demás no hay cosa que luzca. Pidan a nuestro Señor, que me dé fuerzas, para emplearme algo en su servicio. Ya le he dicho que me dé esta a mi padre fray Gregorio, y la tenga por suya; que cierto le amo en el Señor, y deseo verle. Murió mi hermano el domingo después de san Juan. Su majestad me la guarde a vuestra reverencia y haga la que yo deseo. Son hoy 4 de julio de 1579.

De vuestra reverencia sierva.

Teresa de Jesús.

Carta LXV. A la madre priora, y religiosas del convento de san José de Granada

Jesús.

Sea con vuestras reverencias el Espíritu Santo. En gracia me cae la barahúnda, que tienen de quejarse de nuestro padre provincial, y el descuido que han tenido en hacerle saber de sí, desde la carta primera, en que le decían que habían fundado; y conmigo han hecho lo mismo. Su reverencia estuvo aquí el día de la Cruz, y ninguna cosa había sabido más de lo que le dije; que fue lo que por una carta me escribió la priora de Sevilla, en que le decían compraban casa en 12.000 ducados.

A donde había tanta prosperidad, no es mucho fuesen patentes tan justas. Mas allá se dan tan buena maña a no obedecer, que no me ha dado poca pena esto postrero, por lo mal que ha de parecer en toda la Orden, y aun por la costumbre que puede quedar en tener libertad las prioras, que tampoco le faltarán disculpas. Y ya que hacen vuestras reverencias tan cortos a esos señores, ha sido gran indiscreción haber estado tantas, y como tornaron a enviar a esas pobres tantas leguas, acabadas de enviar, que no sé qué corazón bastó.

Pudieran haber tornado a Veas las que vinieron de allá, y aun otras con ellas, que ha sido terrible desconcierto estar tantas, en especial sintiendo daban pesadumbre, ni sacar las de Veas, pues sabían ya, que no tenían casa propia. Cierto me espanto de la paciencia, que han tenido. Ello se erró desde el principio: y pues vuestra reverencia no tiene más remedio del que dice, bien es se ponga, pues se tiene tanta cuenta, si entra una hermana, que por eso lo ha de haber. En lugar tan grande mucha menudencia me parece.

Reídome he del miedo que nos pone, que quitará el arzobispo el monasterio. Ya él no tiene que ver en él: no sé para qué le hace tanta parte. Primero se morirá que saliese con ello. Y si ha de ser para poner principios en la Orden de poca obediencia, harto mejor sería no le hubiese; porque no está nuestra ganancia en ser muchos los monasterios, sino en ser santas las que estuvieren en ellos.

Estas cartas que vienen para nuestro padre provincial, no sé cuándo se le podrán dar. He miedo no será de aquí a mes y medio, y aun entonces no sé por dónde irán ciertas; porque de aquí fue a Soria, y de allí a tantas partes visitando, que no se sabe cosa cierta a dónde estará, ni cuándo sabremos dél. A mi cuenta, cuando llegasen las pobres hermanas, estaría en Villanueva: que me ha dado harta pena la que ha de recibir, y el corrimiento: porque el lugar es tan pequeño, que no habrá cosa secreta, y hará harto daño ver tal disbarate; que pudieran enviarlas a Veas hasta avisarle, pues no tenían tampoco licencia para donde tornaron, que ya eran conventuales desa casa, por su mandamiento, y no tornárselas a los ojos. Parecía había algunos medios; pues se tiene vuestra reverencia toda la culpa de no haber avisado las que llevó de Veas, o si ha tomado alguna freila, sino no haber hecho más caso dél, que si no tuviese oficio.

Hasta el invierno (según me dijo, y lo que tiene que hacer) es imposible ir allá. El padre vicario provincial plegue a Dios esté para ello; porque me acaban de dar unas cartas de Sevilla, y escríbeme la priora que está herido de pestilencia (que la hay allá, aunque anda en secreto) y fray Bartolomé de Jesús, que me ha dado harta pena. Si no lo hubieren sabido, encomiéndenlos a Dios, que perderá mucho la Orden. El padre vicario dice en el sobrescrito de la carta, que está mejor, aunque no fuera de peligro. Ellas están harto fatigadas, y con razón: que son mártires en aquella casa de otros trabajos que en esa, aunque no se quejan tanto. Donde hay salud, y no les falta de comer, que estén un poco apretadas, no es tanta muerte: si muy acreditadas con muchos señores, no sé de qué se quejan: que no había de ser todo pintado.

Dice la madre Beatriz al padre provincial, que están esperando al padre vicario, para tornar las monjas de Veas, y Sevilla a sus casas. En Sevilla no están para eso, y es muy lejos, y en ninguna manera conviene. Cuando tanta sea la necesidad, nuestro padre lo verá.

Las de Veas es tan acertado, que si no es por el miedo que tengo de no ayudar a hacer ofensas de Dios con inobediencia, enviara a vuestra reverencia un gran precepto; porque para todo lo que toca a las Descalzas, tengo las veces de nuestro padre provincial. Y en virtud dellas digo, y mando: Que lo más presto que pudiere tener acomodamiento de enviarlas, se tornen a Veas las que allá vinieron, salvo la madre priora Ana de Jesús: y esto aunque sean pasadas a casa por sí; salvo si no tuviesen buena renta para salir de la necesidad que tienen. Porque para ninguna cosa es bueno comenzar fundación con tantas juntas, para muchas conviene.

Yo lo he encomendado a nuestro Señor estos días (que no quise responder de presto a las cartas) y hallo que en esto se servirá a su majestad; y mientras más lo sintieren, más. Porque va muy fuera de espíritu de Descalzas ningún género de asimiento, aunque sea con su priora; ni medrarán en espíritu jamás. Libres quiere Dios a sus esposas, asidas a solo él; y no quiero que comience esa casa a ir como ha sido en Veas, que nunca me olvido de una carta, que me escribieron de allí, cuando vuestra reverencia dejó el oficio. Es principio de bandos, y de otras hartas desventuras, sino que no se entiende a los principios. Y por esta vez no tengan parecer sino el mío, por caridad: que después que estén más asentadas, y ellas más desasidas, se podrán tornar, si conviniese.

Yo verdaderamente que no sé las que fueron quien son, que bien secreto lo han tenido de mí, y de nuestro padre. Ni pensé vuestra reverencia llevara tantas de ahí; mas imagino, que son las muy asidas a vuestra reverencia. ¡Oh espíritu verdadero de obediencia, cómo en viendo a una en lugar de Dios, no le queda repugnancia para amarla! Por él pido a vuestra reverencia, que mire que cría almas para esposas del Crucificado: que las crucifique en que no tengan voluntad, ni anden con niñerías. Miren que es principiar en nuevo reino, y que vuestra reverencia, y las demás están más obligadas a ir como varones esforzados, y no como mujercillas.

¿Qué cosa es, madre mía, en si la pone el padre provincial presidente, o priora, o Ana de Jesús? Bien se entiende, que si no estuviera por mayor, no ternían para qué la nombrar más que a las demás, porque también han sido prioras. A él le han dado tan poca cuenta, que no es mucho no sepa, si eligieron, o no. Por cierto que me han afrentado, que a cabo de rato miren ahora las Descalzas en esas bajezas. Y ya que miren, lo pongan en plática, y la madre María de Cristo haga tanto caso dello. O con la pena se han tornado bobas, o pone el demonio infernales principios en esta Orden. Y tras esto loa vuestra reverencia de muy valerosa, como si eso le quitara el valor. Déseles Dios de muy humildes, y obedientes, y rendidas a mis Descalzas, que todos esotros valores son principio de hartas imperfecciones, sin estas virtudes.

Ahora se me acuerda, que en una de las cartas pasadas me escribieron, que tenía ahí parientes una, que les había hecho provecho llevarla de Veas. Si esto es que lo hace, dejo en la conciencia de la madre priora, que si le parece la deje; mas no a las demás.

Yo bien creo que vuestra reverencia terná hartas penas en ese principio. No se espante, que una obra tan grande no se ha de hacer sin ellas, pues el premio dicen que es grande. Plegue a Dios, que las imperfecciones con que yo lo hago, no merezcan más castigo que premio; que siempre ando con este miedo.

A la priora de Veas escribo, para que ayude al gasto del camino, como hay ya tan poca comodidad. Yo le digo, que si Ávila estuviera tan cerca, que me holgara yo harto de tornar mis monjas. Podrase hacer, andando el tiempo, con el favor del Señor; y ansí les puede decir vuestra reverencia, que en fundando, y no siendo menester allá, se tornarán a sus casas, como hayan tomado monjas ahí.

Poco ha que escribí largo a vuestra reverencia, y a esas madres, y al padre fray Juan, les di cuenta de lo que por acá pasaba, y ansí me ha parecido no escribir más desta para todas. Plegue a Dios no se agravien, como de llamarla nuestro padre a vuestra reverencia presidente, según anda el negocio. Hasta que acá hicimos elección, cuando vino nuestro padre, ansí la llamábamos, que no priora, y todo es uno.

Cada vez se me olvida esto. Dijéronme que en Veas, aun después del Capítulo, salían las monjas a aderezar la iglesia. No puedo entender cómo, que aun el provincial no puede dar licencia; porque es un Motu propio del Papa con recias descomuniones, dejado de ser constitución bien encarecida. Luego, luego se nos hacía de mal, ahora nos holgamos mucho: ni salir a cerrar la puerta de la calle. Bien saben las hermanas de Ávila, que no se ha de hacer: no sé por qué no lo avisaron. Vuestra reverencia lo haga por caridad, que Dios deparará quien aderece la iglesia, y medios hay para todo.

Cada vez que me acuerdo, que tienen a esos señores tan apretados, no lo dejo de sentir. Ya escribí el otro día, que procurasen casa, aunque no sea muy buena, ni razonable, que por mal que estén, no estarán tan encogidas. Y si lo estuvieren, más vale que padezcan ellas, que quien las hace tanto bien. Ya escribo a la señora doña Ana, y quisiera tener palabras para agradecerle el bien que nos ha hecho. No lo perderá con nuestro Señor, que es lo que hace al caso.

Si quiere algo a nuestro padre, hagan cuenta que no le han escrito. Porque, como digo, será muy tarde cuando yo le pueda enviar las cartas. Procurarlo he. Desde Villanueva habrá de ir a Daimiel a admitir aquel monasterio, y a Malagón, y Toledo; luego a Salamanca, y a Alba, y a hacer no sé cuántas elecciones de prioras. Díjome, que pensaba hasta agosto no venir a Toledo. Harta pena me da verle andar por tierras tan calientes tantos caminos. Encomiéndenlo a Dios, y procuren su casa como pudieren con amigos. Las hermanas bien podían estar ahí, hasta hacerlo saber a su reverencia, y viera lo que convenía, ya que no le han dado parte de nada, ni haber nadie escrito la causa de por qué no llevan esas monjas. Dios nos dé luz, que sin ella poco se puede acertar, y guíe a vuestra reverencia. Amén. Hoy 30 de mayo.

Sierva de vuestra reverencia.

Teresa de Jesús.

A la madre priora de Veas escribo sobre la ida de las monjas, y que sea lo más secreto que pudiere: y cuando se sepa, no va nada. Esta dé vuestra reverencia, que la lea la madre supriora, y sus dos compañeras, y el padre fray Juan de la Cruz, que no tengo cabeza para escribir más.

Libros a la carta

A la carta es un servicio especializado para
empresas,
librerías,
bibliotecas,
editoriales
y centros de enseñanza;
y permite confeccionar libros que, por su formato y concepción, sirven a los propósitos más específicos de estas instituciones.

Las empresas nos encargan ediciones personalizadas para marketing editorial o para regalos institucionales. Y los interesados solicitan, a título personal, ediciones antiguas, o no disponibles en el mercado; y las acompañan con notas y comentarios críticos.

Las ediciones tienen como apoyo un libro de estilo con todo tipo de referencias sobre los criterios de tratamiento tipográfico aplicados a nuestros libros que puede ser consultado en Linkgua-ediciones.com.

Linkgua edita por encargo diferentes versiones de una misma obra con distintos tratamientos ortotipográficos (actualizaciones de carácter divulgativo de un clásico, o versiones estrictamente fieles a la edición original de referencia).

Este servicio de ediciones a la carta le permitirá, si usted se dedica a la enseñanza, tener una forma de hacer pública su interpretación de un texto y, sobre una versión digitalizada «base», usted podrá introducir interpretaciones del texto fuente. Es un tópico que los profesores denuncien en clase los desmanes de una edición, o vayan comentando errores de interpretación de un texto y esta es una solución útil a esa necesidad del mundo académico.

Asimismo publicamos de manera sistemática, en un mismo catálogo, tesis doctorales y actas de congresos académicos, que son distribuidas a través de nuestra Web.

El servicio de «Libros a la carta» funciona de dos formas.

1. Tenemos un fondo de libros digitalizados que usted puede personalizar en tiradas de al menos cinco ejemplares. Estas personalizaciones pueden ser de todo tipo: añadir notas de clase para uso de un grupo de estudiantes, introducir logos corporativos para uso con fines de marketing empresarial, etc. etc.

2. Buscamos libros descatalogados de otras editoriales y los reeditamos en tiradas cortas a petición de un cliente.

www.ingramcontent.com/pod-product-compliance
Lightning Source LLC
LaVergne TN
LVHW041333080426
835512LV00006B/429